FRAGMENTS OF AN ANARCHIST ANTHROPOLOGY

アナーキスト人類学のための断章

Author ;
DAVID GRAEBER
Translator ;
SABU KOHSO

デヴィッド・グレーバー 著
高祖岩三郎 訳

以文社

アナーキスト人類学のための断章

まだ見ぬ日本の読者へ　自伝風序文

私がどのような経緯で自らをアナーキストと認知するようになったのか、聞かれることが多い。それは確かではない。この決断を下した瞬間の記憶はない。それは私が十代後半の頃、きわめてゆっくりとやってきた覚醒であった。直感的に、あらゆる政治哲学の中で、アナーキズムがもっとも意味をなすように思えたのだ。だが今から振り返ると、この若い時期にこの結論に達したことは、私の個人史の中では奇妙にも然るべきことだったのだ。

アナーキズムは、ほとんどの政治哲学ときわめて異なっている。他にとっては、自らの社会的展望が望ましいものであることを証明すること、これが重大任務である。社会主義、自由共和制、キリスト教民主主義……、それぞれの主義のもとで生きることが、どの敵対制度のもとで生きることより良いということを証明しようとする。アナーキストにはこの問題はない。ほとんど誰もが、警官やボスのいない非軍事的世界に生きることを望んでいる。そこではコミュニティは民主主義的に自らの問題に対処し、諸個人は基本的必要性が満たされ、自分にとって重要だと決めたことを追求することが許されている。だが他の主義には、そのような世界が可能であるとは信じられない。さらに軍隊や刑務所や富と力の不平等に満ちた世界に利を得ている者たちが、そのような世界が可能だと信じている輩は気違いだと、熱心に説いてまわっている。

それに対して、アナーキズムが気違いでないと信ずる理由があると感じる者はアナーキストになることが多い。私にはアナーキズムが気違いでないと信ずる理由があった。

その第一は、私が育った政治的環境だった。父は「印刷工」だった。母は若い頃針子だったが、後に主婦になった。二人とも青春時代から、熱心な活動家《ラディカル》だった。母、ルース・ルービンスタインは、十歳の時ポーランドからニューヨークに移民した。彼女は十六歳ですでに大学に入学したが、大恐慌時のため、じきに退校し家族を支えるために下着工場に職をえた。そこで間もなく国際婦人服労働組合（ＩＬＧＷＵ）に加盟した。そして同組合が、労働者たちを起用して「ピンとニードル（*Pins and Needles*）」と題されたミュージカル・コメディを製作した時ヒロインになった。これがたまたまブロードウェイで大ヒットしたので、彼女は短期間だが有名人になった。私はいまだに『ライフ』誌に掲載された若い彼女の写真を持っている。父、ケネス・グレーバーは、カンサス州ローレンスで学生だった時、運動にかかわった。そして全カンサス州で二人の参加者の一人として、一九三六年にスペインへ行き「国際旅団」に加わった。そこで彼は救急車の運転手になったが、そのために数多くの戦線を視ただけでなく、当時アナーキストの大衆委員会によって運営されていたバルセロナ市で長い時間を費やした。ほとんどの「国際労働者同盟員(Internationals)」たちと同じように、父もまた共産党をとおしてこの戦線に参加していた。彼は大学生の時から青年同盟のメンバーだった。だがそれは彼が特にマルクス主義を信奉していたからというよりも、当時大学構内において、それが唯一のまともな左翼《ラディカル》組織だったからである。スペインで「国際労働者同盟員」たちは、アナーキストたちに対立する立場を採っていた。だが彼は一緒に闘っていたアナーキストたちと仲が良かった。ことに彼の救急車に同乗していた衛生員がそうで、彼とは親友になった。彼の戦争に対する判断は複合的なものだった。彼はアナーキスト民兵の戦略は、近代装備の軍隊に太刀打ちできるものでないと感じていたが、同時に革命的自主管理に対する共和国政府の弾圧は、狂気の沙汰で自殺行為だと信じていた。スペインから戻って彼はニューヨークに落ち着き、第二次大戦中は商船に乗った。彼はこの時期、母と結婚した（だが彼女の家族は、彼がユダヤ人ではないので彼女を勘当した）。彼はその他多くの党員のように、ヒットラー／スターリン協定が締結される以前に離党していた。

父はアナーキストではなかった。実際、彼はどのような党派にも主義にも自己同化することに関心を持っていなかった。だが彼は実際に「労働者の自己管理」という原理によって運営された都市で生きた経験をもっていた。彼は折々「それは近代史におけるもっとも重要な実験のひとつだった」と強調していた。カタルーニャ全土の労働者たちは、単純に管理者たちを斥けたのだが、それでも事業の運営には何の差し障りもなかった。

したがってこれが、アナーキズムが有効であると感じるひとつの明瞭な理由である。そしてもうひとつはもちろん、人類学に関連している。

私は若年時から人類学に惹かれていた。正確には人類学と歴史学である。だがそれらは多かれ少なかれ同じようなものだと思っていた。私の育ったアパートは常に本で埋まっていた。古代史、サイエンス・フィクション、人類学……。当時は理解していなかったのだが、両親の知的関心の唯一の共通点は、資本主義と根本的に異なった構造を持つ世界への関心であった。だがそこにはあまり批判的／分析的な文献はなかった。確かにモダン・ライブラリー版の『資本論』が居間のどこかにあったが、何年も読まずに放っておかれ埃にまみれ、それはかりは異物のようだった。そこには現実との闘争という雰囲気はほとんどなく、むしろ他の世界への想像的な旅が支配していた。

私の人類学との最初のかかわりは、十二歳の少年にふさわしくパズルだった。私はマヤの象形文字を解読することに興味を覚えた。当時エジプト文字はすでに解読され、マヤのそれが唯一、手つかずで残されていた。私の仕事が、ハーバードのマヤ学者たちの認知するところとなった。彼らは私のためにマサチューセッツ州の威信あるアンドーヴァー高校への奨学金を用意してくれた。彼らはその上、私の人生の筋書きさえも作ってしまった。私はアンドーヴァー高校から人類学を専攻するためにイェール大学へ行き、そこからハーバードの大学院へ進むことにされたのだ。無論私は逆らった。十六歳やそこらの少年が、自分の未来全体が計画されてしまうことを好むわけがない。三年後、ニューヨーク州立大学パーチェス分校の学生となった私は、自分がやりたいことはやはり人類学であることを認識した。そして同じ頃、私はアナーキストたることを決意した。ハーバードでマヤの象形文字を勉強するかわりに、私はシカゴ大学へ行くことになった。

人類学がアナーキズムを伝播するもっとも明白な理由は、それが人間性に関してわれわれが手放さない多くの通念が真実でないことを、否応なく証明するからである。アメリカ人が自明だと考えているのは、国家的権威と警察がなくなれば、混沌が支配する以外ない、間違いなく人びとは殺戮しあうだろうということである。人類学はそうでないことを証明する。人類学は、国家なき社会において相互殺戮が起こらない無数の事例——そして国家があったとしても、ことさら警察機能を果たさない事例——を提供している。さらに現存する社会の中でも、国家と警察が消失した後、さして劇的な変化が起らなかった多くの場所を知っている。ソマリア全土で、国家が崩壊した事例、あるいはより目立つのは、領土に権力を及ぼすことを諦めた事例（つまり純粋な国家の非在というよりは国家擬《もど》きになった例）が十二件ほどあった。だが特に目立ったことが起らないため、われわれはそこで起きていることを知ることができない。人びとは単に前と同じように生活している。このことは私が一九八九年から一九九一年の間、マダガスカルでフィールド調査を行う前から、すでに明白なことであった。

重要なのは、単に通念を打ち砕くことだけではない。そのことが、われわれはなぜそれに縛られているのか、われわれに問わせる。われわれはなぜ、政府のもとで刑務所や警察とともに生き、あたかもそれらが必要不可欠であるかのように振舞わされているのか？ いったいどうして、われわれの社会は、利己主義、怒り、社会的無責任、子供じみた行動を醸成しすぎた挙げ句、自分たちを統制する系統的暴力などなくても、みなが一緒に生きることができるということを忘却してしまったのか？ いわゆる西洋的伝統にここまで深く埋め込まれていても他の社会ではむしろ奇異な、「ホッブズ的論理」の起源を、すべての人類学者の中でもっとも熱心に突き詰めてきたのはマーシャル・サーリンズ*だが、シカゴ大学で私が彼に師事したのは偶然ではなかった。だが右の設問へのアナーキストの返答は、結局きわめて単純なものである。それは、もしあなたが人びとを、子供として処するなら、彼らは子供のように振舞うだろう、というものだ。だからこそ、真にホッブズ的な状況が生起するのは、極端に独裁主義的な国家が突如崩壊した時なのである。サダム・フセインが倒れた後、イラクで起った暴動と略奪は、まさにその範例《パラダイム》である。それが突然消失したところから、このもっとも粗暴な状態、もっとも異常な反社会的行動が出現した。国防省長官ラムズフェルドや合衆国の将軍たちが、この混乱にきわめて無関心だったことがその証左である。彼らはあたかも「わかった！ まずこれらの人びとに、われわれが導入しようとする資本主義的民主主義の裏にあるものは、野蛮な貪欲と暴力の支配であって、民主主義とは、洗練された軍備を備えたわれわれの支配が必要でなくなるということを意味しない――このことを理解させよう！」と言っているかのようだった。アナーキズムにとって、真の民主主義とはこのことにかかわっている。それが想定するのは、もしあなたが人びとを本気で大人として処するなら、彼らは即刻、大人として行動しはじめるだろう、ということである。

これこそまさに、現代アナーキズムの集団的意志決定方法の前提であり、だからこそ、私はこれに感化されたのである。だがこれを言ってしまうのはやや先走りである。自己紹介に戻って逸話を続けよう。

学部生としてスペインのアナーキズムの歴史を勉強していた私は、アナーキストたちと伝統的な社会主義者たちの展望の主な差異が、「国家の拒絶」と同じく「仕事の拒絶」にもかかわっていることに気づいた。労働者の家に生まれて、学問の世界を目指すことに決めたのは、父が、朝九時から夕方五時まで支配されることにならない生き方を見いだすよう強く忠告していた影響があった。それは私にとっても大いに意味をなすことだった。私が

＊　著書に『人類学と文化記号論　文化と実践理性』山内昶訳、法政大学出版局、一九八七年ほか。

［以下、序文および本文中の註は、すべて訳註である］

ことに関心を持ったのは、スペインのような国では――あるいは二〇世紀初頭においてはヨーロッパ全体で――アナーキストと社会主義者それぞれの労働組合の主な違いとして、社会主義者が労働者のためにより高賃金の獲得を叫んでいたことに対して、アナーキストは労働時間の短縮を求めていたことにあった。これは小作農社会について私が新たに学んだ、人類学的知見にも呼応するものだった。非資本主義的な環境に生きるほとんどの人びとは、経済学者が「目標収入（target incomes）」と呼ぶものを目指して働いている。彼らは市場から何が必要か、それがいつ手に入るかわかっているので、ある時点で仕事をやめ、リラックスし、人生を楽しむことができる。これは経済学者が「非理性的経済行動」とみなす多くの事象の説明ともなる。たとえば、農民が自分たちが作れないものを買うために、ある作物を育てていて、その作物の売り値が世界市場において三倍に膨れたとする。その場合、彼らはより多く作って儲けるのでなく、少なく作るのである（私が聞いた話によると、それはまた少なくともニューヨークでは、雨の日にタクシーが拾えなくなる理由らしい）。キリスト教の伝統は、人間の欲望を、救いようのないものとみなしている。われわれの欲望には限りがないが、世界には限りがあるので、われわれは抜本的な相互戦争状態にある……。だがサーリンズが指摘しているように、これは異例である。さらにキリスト教世界においても、人びとがそのように振舞うようになったのは、ごく最近のことなのである。中世キリスト教世界の職人たちは「目標収入」に則《のっと》って仕事をしていた。景気がいい時は、単に休日を多くとった。大変いい時は、年の半分を「聖人の日」にした。つまり資本主義が可能になったのは、世界人口の多くが、病理に犯されたように振る舞いはじめてからのことである。より大きな儲けを求める限りなき執念、儲けを次から次へ生産の拡大に導入し、自分たちが享受することが絶対できない規模まで経済活動を拡大するために、自分のすべての時間を費やす。マックス・ウェーバーは、もちろん、この現象について古典的な説明を提供した。それによると最初の資本主義者とは、カルヴァン教の狂信者たちで、自分たちが地獄に落とされないための証を死に物狂いで求めていた。だが、次の疑問は、それなら彼らはどういう経緯で、自分たちの労働者を含む、世界中の人口を、同じ取りつかれた行動をとるように改宗していったのか、ということである。アナーキストと社会主義者の労働組合の例があらわにしたように、「左翼」もこれに関して無垢ではなかった。

マルクスは、当時もっとも進んだ産業力の担い手であったイギリスとドイツの産業労働者によって革命が実現するだろうと予測した。これがマルクス主義者の定説となった。資本主義は、究極的に進歩的、あるいは革命的でさえある運動なので、労働者のもっとも先進的な勢力こそが、事象をその論理的な結論まで突き詰めていくだろう、という仮説である。彼の「第一インター」における宿敵だったバクーニンは、それに対して、来るべき革命は、もっとも進んだ資本主義のもっとも疎外された者たちからではなく、いまだに伝統的な自律を保持しているロシアやスペインの小作農や職人から起こるだろうと主張した。そしてバクーニンが正しかった。二〇世紀をとおして、世界中で資本主義に対して立ち上がったのは、一貫して「先進的プロレタリア」ではなく、小作農と職人、そして最初のプロレタリア化の衝撃を経験した小作農と職人であった。別の場所で私は、彼らを「同時にもっとも疎外されておらず、もっとも抑圧されている者たち」と表現した。* いずれにせよ、彼らはアナーキスト勢力となった。だが二〇世紀が戦争の世紀となり、マルクス主義者たちが、アナーキストたちよりもはるかに規律化された大規模の軍隊を組織することに長けていたので、各国のマルクス主義政党が、消費主義の論理に全面的に引きずり込まれていない人口のほとんどを統括することになった。このことが「国家共産主義」のほとんどの矛盾を説明する助けになるだろう。マルクス主義労働組合と同じように、マルクス主義体制もまた、生産主義的イデオロギーに邁進することとなった。それらも資本主義者のように、社会的成功を、毎年の社会的総生産およびサービス量の増加、つまり経済成長によって測定するようになった。それらの究極目標は、やはり消費者天国を創出することへと方向づけられた。だがそれらはこれに関しては驚くほど無力だった。妙なことに、まさにこのイデオロギーが、それらの体制が実際に獲得した真の社会的利点について自覚することを不可能にした。それは市民にほとんど完璧な職業的安定を与えることによって、彼らが実際職場に現れなくてもいいように保証したのである。共産主義社会では、公的には週五〇時間労働を定めつつも、人びとの実際の労働は二〇—二五時間のみであった。これはある意味で信じがたい達成であった。それは少なくとも、人びとにより豊かな知的／社会的生活を持つ可能性を提供した（そして厳しい法的規制さえなければ、はるかに活発な政治生活を持つことさえ可能にしただろう）。だが皮肉にも、政府はこれを肯定的な達成でなく、あくまでも「欠勤主義問題」とみなすよう方向づけられていた。これについては結果的に、以下の設問が生起する——結局、共産主義社会の歴史的役割は、それらの市民を消費主義に向かわせることだったのか、あるいはそれら旧市民は、資本主義のもとで彼らに準備されていたものを見たとき、反逆するはずだったのか？

＊　デヴィッド・グレーバー『資本主義後の世界のために　新しいアナーキズムの視座』（訳者によるインタビュー集）、五七頁、以文社、二〇〇九年。

こうした大きな歴史的視点で武装しつつ、私はアメリカにおけるアナーキスト運動を発見しようと試みはじめた。だがそこで問題に出会う。八〇年代中期、運動と言えるようなものは何もなかった。存在するものといえば、発見しない方がよかったようなものばかりだった。私は短期間ボブ・ブラックに傾倒した。彼の「労働廃絶論」という論文[*]は、私と同じ方向に進みながらも、はるかに機智に富んでいるように見えた。だが彼が書いた他のもののほとんどすべては、誰かに対するセクト主義的攻撃だということをほどなく発見した。サンディカリスト、フェミニスト、エコロジスト、反仕事の活動家、「左翼」全体、に対して……。妙なことはブラック自身が、セクトを持っていないことであった。むしろ彼は自分自身を一個のセクト主義的党とみなしていた。そしてこれが当時のほとんどのアナーキスト思想家の姿勢だった。彼らはみな一人のセクト主義政党だった。ほとんどが、絶対的な個的解放以外のあらゆるものを拒絶する超個人主義者だった。彼らは、いまだに左翼陣営を支配していたマルクス主義的セクト主義のクローンを嫌悪していたが、同時に自分たちも争い好きで、絶対主義的で狭量な標準的極左の言説型をそのまま踏襲していた。これらは私には意味をなすものでなかった。絶対的かつ直接的な個人の解放に尽くそうというのなら、なぜ人びとを怒鳴りつけるようなやり方を固守せねばならないのか？　われわれは、誰も他人の言うことに耳を貸そうとしないような「相互非難」の社会をつくろうとしているのか？　私はあちこちの集団の会合に出るたびに、決して戻るまいと決意するのだった。私はこの世のどこかに素晴らしいアナーキスト的包領があることを確信していたが、それらに出会うことはできなかった。

そんなわけで、長い間、私は自分のアナーキスト的世界観を自分の内にしまっておいた。大学院生活においては、それがまた便利なやり方でもあった。だがフィールド調査の経験から事態は再び動きはじめる。一九八九年に二年間のフィールド調査のためにマダガスカルに到着した後、私はアリヴニマム（Arivonimamo）と呼ばれる小さい町に住んだ。そこでは地方政府は、実質的に機能停止し、そのまわりの地方では政府は完全に消失していた。

驚くべきなのは、私がそのことを理解したのは、そこに住んで六カ月も経ってからだったことである。誰も自分たちが自律した包領に住んでいるとは、言わなかった。彼らはほとんどいつも政府の不満を述べ立てていて、それがもはや存在していないようには振舞っていなかった。人びとは役場へ行き、公的書類に署名し、木を植える許可を取り、葬式後

＊　ボブ・ブラック「労働廃絶論」高橋幸彦訳、『アナキズム』1号、『アナキズム』誌編集委員会、二〇〇一年。（http://a.sanpal.co.jp/anarchism/）

に墓を掘る許可を得……つまり変わらぬ生活を送っていた。私が何かおかしいと思い出したのは、公務員たちが、公的書類用の紙を自分たちで買っているのを見た時であった。すでに中央政府は何も送ってこなくなっていたのだ。遂に私は理解した。これらすべてが「見せかけ演技（window-play）」だったのだ。実際には誰も税金を払っていなかった。警察は国道から離れた場所にはもはや現れなかった。町の中心部に警官詰め所があったが、そこで彼らが何をしているのかまったく不明だった。そこで以下のような逸話を聞いた。

一九八〇年代初頭、その町にはアンリという名のとてつもない大男がいて、ことあるごとに問題を起こしていた。彼は狂っていたか、あるいはそのふりをしていた。いつも喧嘩をふっかけ、人びとを脅し、女性に乱暴を働き、店のものを好きなように奪った。町の若者たちは遂に、何かしなければならないと話し合った。そのコミュニティには（他と同じように）、まず当人の両親の了解を得なければ、誰かに制裁を加えることはできないという取り決めがあった。代表団が両親のもとへ送られた。その頃、すでにアンリの父親さえも息子のために弁解することを諦めていた。アンリが再び問題を起こした時、十二人ばかりの若者が、農具で武装して現れ、彼をとり押さえようとした。アンリは傷を負い、近くのカトリック教会の保護を求め、心の病のために迫害されていると訴えた。イタリア人の神父（町で唯一の外人）は、彼を荷馬車に匿《かくま》って、精神病の施設へ送り届けた。彼はそこでも他の患者を殴ったために追い出されたが、以後何年もアリヴニマムには戻らなかった。

この話を聞いたとき私は「でもすぐそこに、何人も警官がいるじゃないか？」と疑問を表明した。私の友人は肩をすくめて言った。「アンリを見たことがないだろう。彼はデカブツなんだ」。「でも警官にはピストルがあるだろう」。「もちろん、でもだからと言って……」。

私はそうと知らずに、かねてから存在するに違いないと信じていた自律空間に足を踏み入れていたのだ。マダガスカルにおいて結局、もっとも印象的だったのは、きわめて特殊な共同体の意志決定過程であった。それはどのような制度的な規約も構造もなしに、共同体の合意を形成する作法であった。誰でもいつでも、グループ全体に合意しないことを表明することで、危機的状況を作り出すことができる。事実、私はある人びとが、合意を求められていない時にも、突然「不賛成！」と表明するのを見て混乱したことがあった。その行為は、みなにそれまで議論してきたすべてのことを諦めて、彼／女を合意させる条件を改めて考案せねばならなくさせる。だがこのような帰結は、あまりに破壊的なため、それが発動されるのは稀である。これはまさにアナーキストの伝統的な意志決定と同じものだった。それはそこに参加している誰にでも、すべてを妨害する権限を与える。つまり、そうすることが、皆を大人として振舞う以外ない立場に立たせるのである。当時私は、そこで見たことのすべてを十分理解していなかった。私はその多くを、ニューヨークでDAN（Direct Action Network）にかかわるようになってから初めて理解するようになった。

マダガスカルから戻って、私はシカゴで数年の間（調査から戻った後は給費がなかったので）無数の薄給の仕事に従事し、博士論文を仕上げようと苦闘していた。苦しい日々だった。運動に参加する余裕はなかった。その後、私がイェール大学で教鞭を執りはじめた初めの数年も、やはり余裕がなかった。私の政治的活動といえば、左がかった雑誌に文化／時事評論を書くことくらいであった。そして一九九九年十一月のある日「力、暴力、コスモロジー」と題された政治的人類学の最後の講義を終えて外に出ると、新聞掲示板の見出しは「シアトルに戒厳令布かる！」であった。他のほとんどのアメリカ人と同じように、私は肝をつぶした。私は「直接行動」の原理に則《のっと》った幅広い運動が存在していたことをまったく知らなかった。私が寄稿していた雑誌 ***In These Times*** の編集長ジョー・ノールズは、Eメールで私に、窓ガラスを割っている黒覆面のアナーキストたちに関して調査するよう依頼してきた。「彼／女らはいったい誰なのか？　雇われた挑発者？　純粋なアナーキスト？　君には調べるコネがあるだろう」。そこで私は調査を開始した。

一九九〇年代、私が図書室に埋もれている間、存在していればいいと願っていた運動がそんなふうに私の目の前に現れた。それはその核《コア》においてアナーキストだったが、八〇年代に私をがっかりさせた、終わりなきセクト主義的喧噪には反対する趨勢だった。それは全面的に「直接行動」の原理に基づきながら、いわゆる――新しい形式の社会性を「現在」において創出することで、すでに自由であるかのように振舞うことを目指す――「予示的政治（prefigurative politics）」に邁進するアナーキズムだった。それがもっとも重視するのは、アナーキストであろうと誰だろうと、一緒に並んで世界中の暴力的制度と闘おうとする人びととの関係において、「聞くこと」「理解すること」「道理（reasonableness）」を開発することであった。それは、それを望む同盟者との関係においてさえ、相手に圧力をかけ、協定を結び、制度的な統合を図ることを含む、あらゆる「暴力的制度化」を絶対的に拒絶しようとする挑戦であった。そこでは、すでに自由になった社会で振る舞うだろうように振る舞い、ここでの「政治」は、実際に考えていることを言い、正しいと信ずることのみを実行することと同義であるような自律の泡を創出し、その泡をまったく譲歩しない様態に保つことを目指していた。さらに素晴らしいことに、それは実践的な技術を発展させていた。じきに私はＤＡＮニューヨーク支部の会議の常連となり、「促通」と「合意」の技術を教える無数の訓練に参加するようになった。そして私は、そこで経験していることが、かつてマダガスカルで日常的に観察していたことの、より形式化され自覚化された様態であったことを理解したのだった。それが形式化され自覚化されていなければならなかったのは、彼らはクエーカー教徒やアメリカ先住民や本で読んだことから、その部分部分を取り集め、そこからすべてを創造しなおさねばならなかったからである。われわれにとっては、そのどれもが、自然に伝授されたものではなかった。だがもしわれわれが、誰もが何事をも他人に強要することのない社会を形成するための、集団的意志決定過程を創造しようとするならば、何千年もの間、そのように生きてきたコミュニティにおいて採用された方法から学びうるに違いない――それは確かだった。

それに注ぎ込む時間がありさえするなら、アナーキスト運動への同化は迅速に進むだろう。最初に行動に参加した時、われわれは混乱した部外者である。二度目には、さまざまな人員や出来事を知るようになる。三度目には組織者の一人になりうる。私にとって事態はそのように進行した。ワシントンでのIMF・世界銀行年次総会に反対するA16行動(二〇〇〇年四月)に、一人の友人と参加した時は、何が起っているのか皆目見当がつかなかった。だが四カ月後、フィラデルフィアの反共和党大会行動の時は、私はメディアに全体状況を説明していた。さらに六カ月後のケベック市の行動においては、私は全体の組織化に関与していた。私の活動は、イェール大学の古参教授陣にはかなり受けが悪かった。だが率直に言って、新自由主義の拡大を阻止するためのグローバルな闘争に参加し、そこでラディカルな民主主義の新しい形式を発展させることの方が、イェール大学における職の安定より、多少は重要だと感じたのである。

人類学もまた、私にとっては重要なものである。実際グローバル・ジャスティス・ムーヴメント（Global Justice Movement）に参加することによって初めて、私はそれが人間の可能性の宝庫として意義があることを、はっきり理解するようになった。それが何よりも疑問視するのは、学問世界のいくつかの虚偽である。われわれが世界にとって重要な何事かを知っていることは確かである。だがわれわれの思考と議論の過程、われわれが知を使って実践すること——それらは特権主義的、セクト主義的習慣にどっぷり浸かっている。

私が学者として教育された八〇年代と九〇年代のアメリカの学問世界の傾向について多少説明しなければならない。当時六〇年代というもの自体は、忘れた方がいいような馬鹿でナイーヴな情熱の時代と見られていた。それでもわれわれはかなりの度合い六〇年代の影を生きていた。いまだにみなはラディカルを任じていた。だが実際の社会運動は言うに及ばず、学校の外の政治にかかわっている者はほとんどいなかった。当時のフーコー、ドゥルーズ——そして人によってはボードリヤールさえ——の神格化が、その時代の憲章になっていた。それが、ラディカルな消費生活を送る「ポストモダン指向の」学者たちに、彼らが推進する西洋的思考の土台への認識論的な挑戦の方が、実際に路上に出て世界を変革しようとする馬鹿どもより、はるかにラディカルなのだと主張する喜びを与えていた。多くの学者たちは、彼らの想像の中にのみ存在するラディカルな社会運動のための立場表明のような論文を書いていた。そしてそれに反対する誰に対しても、彼らの仕事について、暗黙の人種差別、性差別、帝国主義、そして考えられる限りの邪悪が、そのどこかに潜んでいることを告発する、かなり悪質なセクト主義的戦争を挑んでいた。突然のグローバル・ジャスティス・ムーヴメントの勃興において、学者ラディカルたちのほとんどは、それに対して一様に冷笑的な反応を示した。想像の中の前衛を任じていた学者たちは、本当の運動が発展していて、それが彼らを指導者と仰いでいないことに怒り狂ったのだ。

そもそも大学院においてわれわれが学ばせられる、自惚《うぬぼ》れた特権主義的言語に抜本的な欠陥がある。あらゆる異なった立場に対して、その真の対立点を理解しようとする代わりに、それらを憎々しげな戯画に還元し邪険に捨て去ろうとする。これは学ぶことというより、ある種の政治である。もし知的生活が、ある次元における、真実への共通の探求ならば、異なった立場に立つ者の仕事を可能な限り親切に読み込み、それでも最後に問題の在り処を指摘する――そんな姿勢が必須ではないだろうか？　そのような文脈において、ことに合意形成過程を観察することは、私にとって大きな啓示だったのだ。それが私に問うことを強いたのは、その意図において、内容において、純粋に解放的な思考の伝統さえも、その形式のせいで目的にそぐわなくなることがあるのではないか、ということだった。フーコーやドゥルーズは疑いなく重要である。だが英雄崇拝、セクト主義的狭量、あるいは思想は偉大な個人からしか生じないという盲信、ほとんどすべての自意識的革命論を領導してきた前衛主義――これらこそが破壊的結末を生んできたのだ。

イェール大学に就職した時、その保守的な人類学科においてさえ、私は「十分ポストモダン的でないので、雇用の第一候補ではない」と言われた。皮肉なのは、それでも私の議論は多くの人びとにとってむしろ「ポストモダン」に見える、ということである。自分ではそう思わないが、その理由は私が「近代《モダン》」というものを有効だと思っていないからである。それは多くのことをあきらかにする代わりに、隠していると信じている。同様に私は「ポストモダン」を、グローバルな新自由主義の召し使い以上ではないと信じている。それでもなお、私は理論の全体化の野望は、恐るべき危険性の源だという意見に賛成である。私がこの著作で試みたこと、この著作に託した望みは、人に指令せず、人を罵《ののし》らない知的実践の形式の可能性である。私が欲しているのは、新しいラディカルな政治的実践から立ち上がる新しい政治的思想を正当に認知しうるような知的実践の形式、われわれ自身が、よりよい世界を見たいという欲望を共有するさまざまな人びととの(理想的には)贈与関係に捕われた解釈者以上のものではない、という事実を認知する謙虚さを持った知的実践の形式である。

私はこの作品を、二〇〇二年のジェノヴァの行動の後、間もなくパリで開催されたMAUSSグループ(Mouvement anti-utilitariste dans les sciences sociales)の会議において起草した。そこで私は、われわれが知っている社会理論は――ことにフランス革命にはじまる――革命計画の失敗において基礎づけられた、という議論をした。「社会的現実」の発見とは、改革案あるいは革命政権さえ、変革し除去することができない、人間の社会生活の中のどうにも対処しようのないあらゆる要素の発見の謂いである。だが、まさにこの意味において、社会理論は社会変革計画と切り離すことができない。私が同時に示唆したのは、こう考えると、まさにアナーキスト的実践こそが、社会理論の実践を変革する方法を提供している、ということであった。

イデオロギー的統一性を、きわめて権威主義的な上から下への決定構造に則して要請するマルクス主義政党と異なって、アナーキストに影響された革命運動の網状組織《ネットワーク》と集合体は、どのようなイデオロギー的合一も可能ではなく、また可能にしてはならない、と前提する意志決定過程を採用する。そしてそれらの形式が、むしろ――それ自身がひとつの価値とみなされる――多様性を、そして訳通不能性（incommensurability）さえも管理する方法となる。そこで共有される前提は、共有された行動企画《プロジェクト》において、立ち現れる道理と相互協調の精神をとおして、多様性もそして訳通不能性さえも管理されうる、ということである。言い換えると、アナーキズムに影響されたグループは、誰も他人を自分の考え方に改宗させられないし、またそうすべきでないことを前提に運動する。その場合、目前の行動の問題に焦点を絞り、その過程であくまでも平等主義を保持し、その過程自体を正しい社会の展望の主要なモデル（あるいはむしろ胚種のようなひな形）にしていかねばならない。

（……）経済主義に反対する知識人の連合戦線が、どのようなイデオロギー的あるいは政治的合一性をも求める謂れはない。今日、理論は無限の訳通不能な視点を持った断片に分解しているように見える。だがこの訳通不能性を価値とみなせない理由はない。それらはあくまでも共通の行動計画（ある種の真実の探求とその探求と一体になった諸価値の形成）をとおしてなら、実践的に統一されることができる。

知的流派あるいは傾向の組織化は、常に前衛主義的政治政党（そして前衛主義的芸術運動）のそれに類似している。だがその理由は、幾分かは、それらが同じ場所に起源を持っているからである。サン・シモンもコントも、芸術と社会科学の違いはあれども、ともに新しい宗教の祭司だった。経済主義のヘゲモニーに対抗して、さまざまな社会思想の糸を統一しはじめるためには、まずこの有害な前衛主義の歴史を超えて、社会的現実に対するさまざまな接近方法を集結せねばならない。それらは、ユートピア的社会像との関係で社会的現実を構成していくが、権力を奪取したい無数のセクトの群れとして、自分たちを唯一の正当性として強要する野望のもとに結集するのでなく、そうすることを拒絶する倫理とひとつの共通の企画《プロジェクト》への責任のために、合流するのである。*

私にとって本書は、こうした理論とはどのようなものか、試考する最初の試みであった。だからこれはごく試験的な出発なのである。私の希望は、他の誰かがこれを継承して、おそらく集団で、異種交配的に、私ができることよりも遥かに見事に、これを実現してくれることなのである。

* David Graeber, "La sociologie comme science et comme utopie", *Revue du MAUSS Semestrielle* No.24, (a special issue entitled "Une théorie sociologique générale est-elle pensable? De la science sociale"), Second Semestre 2004, p. 205-217.

アナーキスト人類学のための断章

目次

アナーキズム

政府なき社会においての「生」と「行い」に関する原理あるいは理論に与えられた名前である。そのような社会における調和は、法への服従や権威への従属によってではなく、生産と消費のために自由に形成された地域的／職業的なさまざまな集団の間で獲得される自由合意によって、かつ市民的存在のための千変万化の必要性や希望を満足させるために、得られるものである。

——ピョートル・クロポトキン（『ブリタニカ百科事典』より）

根本的に、もしユートピア主義者でないなら、あなたはまぬけでしかない。

——ジョノソン・フェルドマン

以下に続くものは、思考の断片、可能な理論のための覚え書き、小マニフェスト集といったものである。それらはすべて、現在存在していないが、将来いつか存在するだろうラディカルな理論的身体の概要を垣間見せるためのものである。

アナーキスト人類学というものが実際に存在せねばならない理由が、確実に存在する。だからなぜそれが――あるいはいっそ「アナーキスト社会学」が、「アナーキスト経済学」が、「アナーキスト文学理論」が、「アナーキスト政治学」が――存在していないのか？　まずそこから考えはじめよう。

どうして学問世界《アカデミー》には、アナーキストがかくも少ないのか?

これは実に的を射た質問である。政治哲学としてのアナーキズムは、現在まさに爆発的に拡張しつつある。アナーキスト的運動、あるいはそれに触発された運動がいたる所で成長しつつある。そして「自律(autonomy)」「自由連合(voluntary association)」「自己組織化(self-organization)」「相互扶助(mutual aid)」「直接民主主義(direct democracy)」といった古典的なアナーキズムの諸原理が、グローバリゼーション運動内部の組織化の基礎づけから、各地のあらゆるラディカルな運動の基礎づけを果たしつつ、拡大してきたからである。メキシコ、アルゼンチン、インドなどの革命家たちは、権力を奪取することについては会話することさえやめ、革命の意味について根本的に異なった思想を構築しはじめている。それらのほとんどは、実際に「アナーキスト」という呼称を使うことには用心深い。しかし最近バーバラ・エプスタインが指摘しているように[*]、今やアナーキズムが、一九六〇年代の社会運動においてマルクス主義が獲得していた地位を受け継いだ感がある。今や自らをアナーキストとみなさない人びとさえ、それとの関係で自らを規定しようとし、そこから着想を得ようとしている。

しかしながら、このことは大学においてはまったく考察の対象になっていない。ほとんどの学者は、アナーキズムについて漠然とした考えしか持っていない。あるいはそれをもっとも粗忽《そこつ》な紋切り型で片づけようとする（「アナーキスト的組織だって？　でもそれは語義矛盾ではないのか？」）。アメリカ合衆国には、あれやこれやのマルクス主義を代表する学者が無数に存在している反面、自らをアナーキストと言明する学者はおそらく十人に満たないだろう。

それは学者が時代遅れだということか？　そうかもしれない。そして二、三年後には、大学はアナーキストで溢れているかもしれない。だが私はそんな期待に、息を凝らしているわけではない。確かにマルクス主義は、大学との間にアナーキズムが決して持つこ

＊　Barbara Epstein, Anarchism and the Anti-Globalization Movement, *Monthly Review*, September 2001. (http://www.monthlyreview.org/0901epstein.htm)

とがないような親近性を保ってきている。それは、後に労働者階級を結集することを目指す運動になったが、もともとは博士たちによって結成された唯一の偉大な社会運動であった。アナーキズムの歴史についての多くの記述も、基本的にはそれと似たように描かれている。「アナーキズムは、プルードン、バクーニン、クロポトキンなど、一九世紀の思想家の発明だったが、それが労働者階級の運動に影響を与え、政治的闘争に介入し、党派に分裂し……云々」。通常アナーキズムは、理論的にはやや扁平だが、その情熱と誠実さでそれを補うという、いわばマルクス主義の貧しい従姉妹《いとこ》のように表象されてきた。だがこの比喩はだいぶ歪められたものである。というのも一九世紀の「創立者たち」は、自分たちが何か新しいことを発明したとは夢にも思っていなかったからである。彼らは「自己組織化」「自由連合」「相互扶助」というアナーキズムの基本原理を、人類史と同じくらい古い人間の行動様式と考えていた。国家やあらゆる形態の構造的暴力、不平等、支配を廃棄する（アナーキズムは文字通り「支配者なき状態（without rulers）」を意味する）という考え、そしてこれらの形態が何らかの形で相互に連関し強化しあっているという想定についても同様である。これらのどれもが「新しい教義」として提示されたことはなかった。そして実際そうではなかった。世界中のほとんどの場所で（そのような考えは、もっとも書き記される可能性が少ない類のものだったとはいえ）人びとが歴史をつうじて似た議論をしてきた記録が残っている。したがってわれわれが問題にしているのは、一定の理論体系ではなく、むしろ「ある姿勢」、あるいは「ある信仰」である。ある種の社会関係の廃棄、生きやすい社会を築くためのよりよい社会関係があるという確信、そのような社会が存在しうるという信念……である。

アナーキズムとマルクス主義の歴史的な諸学派を比べてみても、根底的に異なった企画《プロジェクト》を問題にしていることがわかる。マルクス主義諸派には作者たちがいる。マルクス主義がマルクスの頭脳から生じたように、レーニン主義があり、毛沢東主義、トロツキズム、グラムシ主義、アルチュセール主義……（国家元首の名から次第にフランスの大学教授の名へと移行していくことに注意されたし）。ピエール・ブルデューがかつて言ったように、[*]学問社会とは学者たちが支配を目指すゲーム台であり、そこでは他の学者たちが自分の名を形容詞として使うようになった時、自らが勝利したと認知する。どのような文脈においても知識人たちが、好んで「偉大な理論家」の歴史を混ぜかえし続

＊ ピエール・ブルデュー『ホモ・アカデミクス』石崎晴己、東松秀雄訳、藤原書店、一九九七年。

けるのは、そのようなゲームに勝つ可能性を保持するためなのである。たとえばフーコーの思想も、トロツキーのそれと同じように、ある一定の知的環境自体の生産物として、幾人もの人間を巻き込んだ終わりなき対話や議論から出現したものとして扱われることは決してない。常に一人の男性（あるいは稀に女性）の天才から生まれたと考えられている。それはマルクス主義の政治が、単に学問的教養のように組織されたからではない。また単にそれが、ラディカルな知識人が（あるいは今日ますますすべての知識人が）お互いに対応する仕方の規範になってきたからでもない。むしろそれらが何らかの形で同時進行するようになったからである。学問社会の視点から見ると、それは多くの有益な結果を招いた。たとえばそれは、一定の道徳的な核がなければならないという感情、学際的な問題は人びとの生活に関与するものでなければならないという感情を形成してきた。だが同時に多くの悲惨な結果も招いた。知的議論のほとんどが、実際、あまりに不可解な言語によって構成され、七年以上の大学院生活を送っていない人びとにとっては存在さえしていないものであるにもかかわらず、数多くの議論が政治党派間の議論のパロディのごとき様を呈し、お互いに相手の議論は間違っているだけでなく、邪悪で危険なものだと言明するところまでいってしまう。

それではアナーキスト各学派についてはどうだろうか。アナルコ・サンディカリストあり、アナルコ共産主義者あり、蜂起派（Insurrectionists）あり、協同組合主義者（Cooperativists）あり、個人主義者あり、綱領主義者（Platformists）あり……。これらのどれひとつをとっても偉大な思想家にちなんで名づけられているものはない。その代わり、実践形態、あるいはほとんどの場合、組織原理にちなんで命名されている（ここで興味深いのは、マルクス主義的傾向の中で、個人の名が冠されていないもの、たとえばオートノミズムや委員会共産主義［Council Communism］などは、どちらかというとアナーキズムに近い運動であることだ）。アナーキストたちは、自分たちの実践とそのための組織形態によって自らを弁別しようとする。そして実際それは、アナーキストたちが、彼らの時間のほとんどを費やして考え議論してきたことだった。アナーキストたちは、マルクス主義者たちが歴史的にこだわってきた幅広い戦略的／哲学的問題には関心を払ってこなかった。たとえば「貧農は革命的な階級になりうるか？」（アナーキストにとっては、それはあくまでも貧農が自分たちで決めることなのである）または「商品形態の本質は何か？」。このような設問の代わりに、アナーキストたちがむしろ議論しあうのは「真に民主的な会合を組織する方法は何か？」「どの地点で組織は、自己強化から個人の自由の圧迫に移行するか?」あるいは、対抗的権力の倫理に関する問い——つまり「直接行動とは何か?」「ある国家元首を暗殺した人間を、公共的に非難する必要はあるか(その行為は正しいのか)?」あるいは「暗殺は、それが戦争のような陰惨な出来事を予防するためなら、道徳的行為とみなしうるか?」「どんな場合、窓ガラスを割っていいのか?」……等々。

以上の骨子を総括すると

1 マルクス主義は、革命戦略のための理論的/分析的言説を目指す傾向がある。

2 アナーキズムは、革命実践のための倫理的言説を目指す傾向がある。

あきらかに、私がこれまで言ってきたことは、現実の戯画の類でしかない(実際には、党派色の強いアナーキスト集団が存在するし、自由意志論的《リバタリアン》で、実践重視の——私に近い類の——マルクス主義者も存在する)。いずれにせよ、このことは両者の相補的関係の可能性を示して憚《はばか》りないのである。そして実際にはそうだった。ミハイル・バクーニンは、マルクスと実践問題をめぐってあれだけ侃々諤々の論争をしたにもかかわらず、個人的に『資本論』をロシア語に訳していた。ともかく以上は、なぜ大学にアナーキストがほとんどいないのか理解する助けになっただろう。アナーキズムは「高踏理論《ハイ・セオリー》」構築の役に立たないだけではない。それは何よりも、実践の形式にかかわるものなのである。だから、それが何より重視するのは「方途が目的と協調していなければならない」、「権威主義的な方法によって自由を獲得することはできない」、「できうる限り、自分の友人や同志との関係の中で、自らが目指す社会を具現化せねばならない」ということなのである。こうした実践は、高級ホテルで開催される会議で知的闘争をすることが、革命に貢献しているかのように見せかけ続けるのが関の山の、大学という制度とは噛み合うはずがない。大学とは、結局のところ、中世からずっと同じ形態を保ちつつ生き延びてきた（カトリック教会と英国君主制を除く）唯一の西欧的制度なのである。少なくとも、自分がアナーキスト教授であると公表すること――それはアナーキズム研究学科を設立するなどという次元の話ではないが――は、それだけで大学の運営に挑戦することになり、ここで書ききれないほどの面倒なトラブルに巻き込まれる行いなのである。

だがそれは
アナーキスト理論がありえないということを
意味しない

それはアナーキストたちが「反理論」でなければならないことを意味していない。アナーキズムは、それ自体、大変古いものであるとはいえ、結局は「理念（idea）」なのである。それは同時に「古い社会の殻の内側で」新しい社会の諸制度を創造しはじめるという「企画《プロジェクト》」である。それは支配の構造を露呈し覆《くつがえ》し解体しようとするが、その間、同時に、そのような構造が必然でないことを証する民主主義的な組織化を推進するのだ。あきらかにこうした企画《プロジェクト》には、それ固有の知的分析と理解のための道具が必要である。そこには今日広まっている意味での「高踏理論《ハイ・セオリー》」の必要性はない。少なくとも単一の「アナーキスト的高踏理論《ハイ・セオリー》」の必要性はまったくない。そのようなものはその精神と反目する。それよりはるかに重要なのは、たとえば——少人数の「類縁グループ*（affinity groups）」から何千人もの巨大な「スポーク会議**（spokescouncils）」を形成する——「アナーキスト的決定過程（anarchist decision-making processes）」なのである。ほとんどのアナーキスト集団は、その他のラディカルな集団の間で盛んに採用されてきた高圧的、分断的、党派的な合意形成とまったく反対のそれを発展させてきた。このことを「理論」に当てはめて考えると、多種多様な高踏理論《ハイ・セオリー》的視点の必要性を認知しつつも、それが合体されるのは、ある一定の共有された義務の遂行と理解によってのみである、という認知に帰結する。「合意形成過程」においては、はじめからみなが集団を形成するための一定の幅広い団結の原理と目的を共有していなければならない。だがその地点を越えて、全成員が承諾せねばならないことがある。誰も他人を完全に自分の考えに転向させようとしないし、そうしてはならない。だから議論を行動に関する具体的な設問に集中させ、誰も自分の原則が破られたと感じないように、みなが参加していける計画を導き出すことを目指す、ということである。ここにはある平行性が見いだしうる。いくつもの多様な視座が、人間的条件を理解したいという欲求によって束ねられ、より大きな自由に向けて動かされていく。つまりアナーキスト的理論化とは、他者の基本姿勢の過ちを証明する必要性にもとづくのではなく、それらがお互いに強化しあうような企画《プロジェクト》を見いだそ

* これについては本書「訳者あとがき」一九二頁を参照されたい。
** 同右。

うとする運動なのである。諸理論がある側面で訳通不能（incommensurable）であるということは、だが、それらが存在しえない、あるいは強化しあえない、ということを意味していない。それは、諸個人が独自の訳通不能な世界像を持っていることが、彼／彼女らが友人、恋人になれない、共通の企画《プロジェクト》にかかわれない、ということを意味しないのと同じである。

だからアナーキズムが必要としているのは、高踏理論《ハイ・セオリー》でなく、むしろ「低理論《ロー・セオリー》」とでも呼びたいものなのである。それは変革のための企画（transformative project）から出現する現実的で、直接的な諸問題と取り組むための方法論である。社会科学本流は、ここではあまり役に立たない。なぜなら、そこでは上記の問題は通常いわゆる「政策問題（policy issues）」に分類されてしまうが、それこそ自覚的なアナーキストなら誰もが関与しようとしない類のものなのである。

小マニフェスト　反政策

「政策」という観念（notion）は、他者に己の意向を強要する国家あるいは統治機構を前提としている。「政策」は政治の否定である。定義上、政策とは、人びとの問題について彼らよりも精通しているとされる特権階級《エリート》的存在によってでっち上げられた何かである。われわれが政策議論に参加することで得られるのは、せいぜいそれによる損傷を押さえることくらいである。その前提自体が、人びとが自らの問題を解決するという思想と反目しているのである。

するとこの場合、設問は以下のようになるだろう。人びとが自由に自分たちの生活を統治しうる世界を実現する助けになろうとしている者たちにとって、一体どのような社会理論が有効なのか？

そしてそれこそがこの小著の主題となっていく。

まずそのような理論の出発点となる前提がある。たくさんはない。おそらく二つだけだ。第一にその理論は、ブラジルの民謡が歌うように「別の世界は可能なのだ（another world is possible）！」という想定から出発する。国家、資本主義、人種差別、男性支配といった制度は、不可避のものではないということ、それらが存在していない世界を形成することは可能であるということ、そのような世界の方がわれわれにとって良いのだ、ということ。こういった原理に献身することは、ほとんど信仰による行為である。というのも、一体誰がそのような保証を持っているだろう？　そのような世界が「可能でない」ということもありうるのだ。だが同時に「その不可能性についての絶対知がない以上、それについて楽天主義に賭けることに道徳的規範がある」と主張することが可能である。より良い世界が可能かそうでないか知りようがない以上、今日の惨状を正当化し、それを再生産することによって、われわれは万人に裏切り行為を働いているのではないか？　それが間違っていたとしても、それにできる限り近づいた方がいいのだ。

小マニフェスト　反ユートピア主義に反対する

もちろん、ここで避けがたい反対意見に対応せねばならない。ユートピア主義は、スターリニズム、毛沢東主義、そしてその他の理想主義が、社会を強引に変容しようとし、その過程で何百万人もの人びとを殺したように、純然たる恐怖政治に繋がるのではないか、というものである。

この議論は根底的な誤謬の上に形成されている。スターリニストたちやその同族は、彼らの偉大な夢の故に殺人を犯したわけではない。実際スターリニストたちは、想像力の欠如について悪名高かった。問題は彼らが、夢と科学的確実性を混同したことである。そのことが、彼らに自分たちの未来像を暴力機構をもって押しつける権利があると感じさせたのだ。アナーキストたちは、どの意味においても、そのようなことを提起していない。彼らは、歴史のどんな必然的行程も想定しないし、彼らが、新たな強制の形式を創造することによって自由への道が開かれると信じることはありえない。実際あらゆる系統的暴力の形式は、「政治的原理としての想像力の役割」への攻撃であり、系統的暴力を削除することを思考しはじめる唯一の途は、まさにこのことを理解することなのである。

冷笑家や悲観主義者たちによって、人類史をとおして実行された残虐行為について、人はどれだけ大著を著わせることか……。

以上が第一の命題であった。

第二は、どのようなアナーキストの社会理論も、自覚的にあらゆる前衛主義の証跡を拒絶せねばならない、ということである。ここでは知識人の役割は、正しい戦略的分析を導き出し、そのことで大衆を指導する特権階級《エリート》を形成することにはない。そうでないなら一体何か？　ここに私がこの小著を『アナーキスト人類学のための断章』と呼ぶ理由のひとつがある。これこそ「人類学」が、有効になりうる領域なのである。それは、世界に実在する自己統治的共同体と非市場的経済が、社会学者や歴史家によってではなく、人類学者によって探査されたからばかりではない。民族学の実践は「非前衛主義的＝革命的知識人」の実践がどのように機能しうるか、大雑把であるにせよ、少なくとも発端的なモデルを供給するからである。民族学を実践するとき、人は人びとがすることを観察し、その行動の根底にある隠された象徴的、道徳的、実用的（pragmatic）な論理を誘い出そうと試みる。つまり人びとが自ら完全に意識していないような、彼らの習慣や行動の意味づけ方を理解しようとする。ラディカルな知識人のひとつの明白な役割は、まさにそれである。つまり実現性のある代案《オルタナティヴ》を創出しようとしている人びとを見つめて、彼らが（すでに）やっていることのより大きな含蓄を把握しようと努め、その成果を、処方箋としてでなく、寄与として、可能性として、つまり贈与として、彼らに返すことである。これはまさに私が二、三段落前に、社会理論が直接民主主義的な過程に則《のっと》って自らを作り替えることを提案しつつ、試みたことであった。そしてその例が明示するように、こうした企画《プロジェクト》は、実際に二つの様相あるいは契機を持たねばならない。ひとつは「民族学的」なもので、もうひとつは「ユートピア的」なものであり、そしてそれらは恒常的な対話の状態に留め置かれねばならない。

以上のどれも、人類学が――ラディカルな人類学さえもが――過去百年そこらの間にやってきたことと直接的なかかわりはない。だがそれでもなお、人類学とアナーキズムの間には奇妙な親近性が成長してきており、そのこと自体が意義深いのだ。

グレーヴズ、ブラウン、モース、ソレル

必ずしも一定の人類学者たちが、アナーキズムを奉じたというわけではない。また意識的にアナーキスト的な思考を導入したわけでもない。むしろ一定の人類学者たちはアナーキズムと同心円において運動し、それらの思考が接触し跳ね返り合ったのだ。ことに人類学的な思考は、その人間的可能性の幅広さについての鋭敏な認識において、当初からアナーキズムと親近性をもっていた。

ジェームス・フレーザー卿（一八五四―一九四一）の話からはじめよう。ただし彼自身については、アナーキストと呼べるような位置からもっとも遠い所にいた。二〇世紀初頭、ケンブリッジ大学人類学部の学部長だった彼は、むしろ古くさく格式ばったヴィクトリア朝的人物だった。彼は主に宣教師や植民地行政官に送った質問状への返答をもと

にして「野蛮な慣習」について書き綴った。彼の理論的姿勢は、まったくその対象を見下したものであった。魔術、神話、儀礼は、すべて馬鹿馬鹿しい論理的誤謬の産物だと信じていた。だが彼の傑作『金枝編』は、木の精、宦官の司祭、死にゆく草木の神々、天の王たちの生け贄などについての、いかにも活き活きし、奇抜で美しい記述の妙《たえ》の故に、後世の幾多の詩人や文学者に多大な影響を与えた。イギリスの詩人ロバート・グレーヴズ（一八九五―一九八五）もその一人だった。彼は第一次大戦の塹壕から辛辣な諷刺の韻文を書き送って有名になった。戦後フランスの病院に入っている間、精神科医であり、同時にトレス海峡への調査遠征で知られるイギリスの人類学者W・H・R・リヴァースによってシェル・ショックを治癒された。そのことからグレーヴズは、リヴァースという人物に憧憬し、人類学者こそが世界中の政治を司るべきであると主張するまでにいたる。グレーヴズは特にアナーキスト的感情を発展させたわけでなく、むしろ風変わりな政治的立場の間を右往左往した。最終的に彼は完全に「文明」（＝産業社会）を放棄し、人生後半の五〇年間は、スペインのマジョルカ島のある村に居を定め、小説を書いて暮らしの糧とし、幾冊もの愛の詩やこの世でもっとも破壊的なエッセーを綴った。

何よりもグレーヴズの基本的信条は「偉大さは病理である」というものだった。「偉大な男たち」は本質的に破壊者であり、偉大な詩人たちなどというのもそれと変わらない（ちなみに彼の宿敵はウェルギリウス、ミルトン、パウンドなどであった）。彼の信じるところ、真の詩とは古代の女神に捧げる祝詞《のりと》であった。だがフレーザーはその当の女神については、混乱した像しか持ちえなかった。そしてその女神の女性家長的（matriarchal）信奉者たちは、ヒットラーが愛したアーリア系略奪民が初期青銅器時代にウクライナの大草原地帯から現れた時、侵略され滅ぼされてしまった（ただしミノア／クレタ文明においては、その後少しだけ生き延びた）。『白い女神　詩的神話の歴史的文法*』という本の中で、彼はヨーロッパのさまざまな地域における彼女の「暦の儀礼」の萌芽を位置づけてみせると言っている。それは女神の王室的配偶者の周期的／儀礼的殺人に焦点をあてたものだが、それは「偉大な男性」になるような存在を、彼が手に負えなくなる前に阻止する確実な方法であった。そして彼は当書を来るべき産業の崩壊を主張して閉じる。右に私は「～みせると言った（claimed）」と強調した。というのも、グレーヴズの本に関して喜ばしいこと（そして同時に混乱の元）は、あきらかに彼がこれを楽しんで書いていることである。彼はここで、次から次へと突飛な命題を陳列しているが、それらはどこまで真面目に聞いていいのか判断不能である。あるいは、そのような設問自体に意味があるかどうかも定かでない。彼は五〇年代に書いたあるエッセー**で、後の八〇年代にスティーヴン・トゥールミンによって有名になった「道理性（reasonableness)」と「合理性（rationality)」の弁別を創案していた。しかしそれはソクラテスの妻クサンティッペを「恐るべき小言屋」という評判から救おうとする文脈においてであった（ちなみに彼の主張は「ソクラテスのような男と結婚したらどうなるか想像してみなさい」であった）。

グレーヴズはほんとうに、女性は男性より優れていると信じていたのだろうか？ 彼はほんとうに、彼が「強壮な忘我状態（analeptic trance)」に入って時間を遡り、西暦五四年キプロス島におけるギリシアの歴史家とローマの役人の魚についての会話を小耳にはさんだことで、ある神話的な問題を解決したなどと、われわれ読者が信じるだろうと考えていたのだろうか？ それに想いを馳せることはあながち無意味ではない。なぜなら、今や不明瞭になってしまっているとはいえ、これらの文章において、彼は後に近代

* Robert Graves, *The White Goddess : A Historical Grammar of Poetic Myth*, Creative Age Press, 1948.
** Robert Graves, *Crane Bag and Other Disputed Subjects*, Cassell, 1966.

アナーキズムの主要な理論的系譜を形成することになる（もっとも常軌を逸した）二つの異なった知的伝統を創造していたのだ。つまり一方で「偉大なる女神」崇拝は再生して、いわゆる「異教的アナーキズム（Pagan Anarchism）」の形成に直接的な影響を与えた。彼／彼女らはヒッピー的な雰囲気のスピリチュアルな踊りなどを大行動において行うが、どうも天気を左右する技を備えているようで珍重がられている。他方は「原始主義（Primitivism）」だが、そのもっとも有名（また極端）な権化はジョン・ゼルザン*である。彼はグレーヴズの産業文明の拒絶と一般経済崩壊への希求を極限化し、農業さえも歴史的大失策だったと主張する。異教派も原始主義派も、興味深いことに、ともにグレーヴズの作品を特徴づけている定義しがたい質を共有している。実際それをどの次元で読んだらいいのか認知しがたい。それは途方もない自己パロディであり、同時に大真面目なのである。

また人類学者の中には、アナーキズムあるいはアナーキスト的な政治に手を出した者たちがいた。そしてその何人かは同時に特定の学問体系の創始者であった。

その中でもっとも悪名高いのは、同僚たちの間で「アナーキーなブラウン」と呼ばれた二〇世紀初頭のアル・ブラウンという研究者である。ブラウンはかの有名なアナーキスト王子（無論、自身はこの称号を拒否したが）ピョートル・クロポトキン（一八四二―一九二一）の崇拝者であった。この北極探検家／自然学者は、生き延びることにもっとも成功した種とは、もっとも効果的に共同作業することができた種であるという記録を提示することによって、社会ダーウィン主義を回復し得ないほどの混乱に陥れた（たとえば社会生物学は、クロポトキンへの返答を見いだす試みとして始まった）。後にこのブラウンは、マントを着て片眼鏡をかけた学究の徒に影響を与えはじめ、貴族を嘲りながらも真似るような洒落たハイフンのついた名前A・R・ラドクリフ - ブラウン（一八八一―一九五五）に改名し、一九二〇―三〇年代には、イギリスの社会人類学の主要な理論家になった。年老いてからは、若い時の政治的信条についてあまり語りたがらなくなったが、彼の主要な理論的関心が、一貫して国家の外に保持される社会秩序だったのは偶然ではないだろう。

だがおそらくもっとも面白い事例は、ラドクリフ - ブラウンの同時代人で、フランス人類学の創始者と言われるマルセル・モース（一八七二―一九五〇）であろう。彼は正統派ユダヤ教徒の両親の子であり、かつフランス社会学の創始者であるエミール・デュル

＊　編書に *Against Civilization : Readings and Reflections*, Feral House, 2005 など

ケムの甥であるという僥倖に恵まれた。彼は革命的社会主義者であった。生涯にわたってパリで消費者協同組合を運営し、社会主義者の新聞に長談義を寄稿した。他国の協同組合を研究し、反資本主義的な代案的《オルタナティヴ》な経済を構築するために各協同組合を繋げようと試みた。彼の代表作は、彼にとっては社会主義の危機と見えた、一九二〇年代ソビエトにおけるレーニンによる市場経済再導入への反応として書かれたものであった。もしヨーロッパにおいてもっとも貨幣に侵されていないロシアにおいてさえ、単純に貨幣経済を廃止することができないなら、革命家たちがなさねばならないのは、市場とはいったいどのような怪物なのか、資本主義に対する現実的な代案《オルタナティヴ》とは一体どのようなものなのか理解するために、民族学的資料を調査することである、と主張した。つまりそれが一九二五年に書かれた『贈与論』*である。その主要な論旨は――あらゆる契約の起源は、条件ぬきに他者の必要性に奉仕するという意味での共産主義にある。凡百の経済学の教科書が主張することとは裏腹に、物々交換《バーター》にもとづいた経済など存在しない。現存する貨幣に依存しない社会とは、贈与の社会であり、そこでは現在われわれがこだわっている「利己主義と利他主義」、「人とその所有物」、「自由と義務」などの区別は存在していなかった――等々、である。

モースは、社会主義の構築は、国家の厳命によってではなくて、下から漸進的にのみ実現可能だと信じていた。相互扶助と自己組織化によって、新しい社会を古い社会の殻の中で構築することは可能だと信じていた。実存する大衆的実践こそが、資本主義の道徳的批判にとっても、未来社会がどのようなものになるか垣間見せるためにも、土台になると彼は感じていた。これらすべては古典的なアナーキスト的信条である。だが彼は自分がアナーキストであるとは考えていなかった。実際、彼がアナーキストたちについて肯定的にものを言ったことはなかった。おそらくそれは彼がアナーキズムを、ジョルジュ・ソレル（一八四七—一九二二）と同一視していたからであろう。現在では主に『暴力論』**で知られているソレルは、人物的には厭味なフランスのアナルコ・サンディカリストで、反ユダヤ主義者だった。彼は、大衆というものは本質的に善でも理性的でもないので、理性的な議論によって彼らに訴えるのは馬鹿げていると主張した。政治というものは、強力な神話をもって他者を魅了する技《アート》である。彼が革命家たちに対して提案したのは「黙示録的なゼネスト」の神話、つまり「全面的な変革の時」という神話の形成

* 『社会学と人類学1』所収、有地亨・伊藤昌司・山口俊夫訳、弘文堂、一九七三年。
** 『暴力論』上下、木下半治訳、岩波文庫、一九六五-六六年。

であった。そしてこのような神話を延命させるためには、あえて象徴的な暴力行動に踏み切ることができる革命的エリートが必要である。この考えは、いわば（その暴力がこれほど象徴的でないことを除いて）マルクス主義的前衛党に似ている。モースが「永遠の陰謀」と呼んだこの思想は、古代世界に存在した「秘密の男性＝政治結社」の近代版のようなものである。

言い換えると、モースはソレルを、つまりアナーキズムを、暴力と前衛主義の非理性的要素を導入した者（運動）とみなした。当時のフランスの革命家たちの中で、組合主義者が神話的力を強調し、人類学者がそれに反対したというのは妙に聞こえるだろう。だが一九二〇年代―三〇年代において、ファシズムが至る所で出現しはじめていたおり、ヨーロッパの（ことにユダヤ系）ラディカルがこれについて薄気味悪く思ったことは十分理解しうる。その薄気味悪さは、黙示録的革命のイメージを想像する上でもっとも非暴力的な方法である「ゼネスト」にさえ、冷や水をかけるほどだったのだ。そしてモースは一九四〇年代、彼の懐疑が立証されたと結論した。

モースによると、ソレルが革命的前衛主義につけ加えたのは、そもそもモースの叔父のデュルケムの「協調組合主義（corporatism）」から引き抜いた「社会的団結」によって垂直構造を接合するという思想であった。そしてこれがモースによると（彼自身自認しているように）レーニンに多大な影響を与えた。それが右翼に採用される。そして晩年には、ソレル自身ますますファシズムに同調していった。モースによるとこの軌跡は、やはりデュルケム／ソレル／レーニン主義を極限まで押し出した（もう一人の若き日のアナルコ・サンディカリズム同調者）ムッソリーニのそれと同じであった。そして最晩年においてモースが確信を持ったのは、ヒットラーの（「総統万歳（Seig Heil）！」を唱えながら松明を持ち行進する）大典礼さえもが、彼と彼の叔父が、オーストラリアの原住民のトーテム儀礼について書いたことから取った、ということであった。「われわれが、どのように儀礼は個人を集団の中に沈めることによって社会的団結を創造するか書いていた時は、誰かがその技術を近代に適応するとは思ってもみなかったのだ！」[*]（モースは間違っていた。最近の研究があきらかにしたところ、ニュールンベルグの行進は、実はハーバードのフットボール・チームを鼓舞する「ペップ壮行《ラリー》」に影響を受けていた。しかしそれはまた別の話である）。第二次大戦の勃発は、すでに第一次大戦においていて親しい友人のほとんどを失い、そこから立ち直っていなかったモースを廃人にし

* *The Radical sociology of Durkheim and Mauss*, edited by Mike Gane, Routledge, 1992.

てしまった。ナチがパリに侵攻した時、彼は逃げることを拒否した。仕事部屋で、ピストルを机の引き出しに入れ、その前に座ってゲシュタポの到着を待っていた。彼らは来なかった。だがその恐怖と歴史的な共犯への責任感の重圧が、彼の正気を打ち砕いた。

すでに
ほとんど存在している
アナーキスト人類学について

だが最終的にはこのマルセル・モースこそ、他の人類学者たちを束にしたよりもアナーキストたちに影響力を持つこととなった。それは彼が、代案的《オルタナティヴ》な道徳律に関心を払い、「国家と市場のない社会は、彼らがそのように生きることを積極的に望んだためにそうなった」という考え方を開示したからである。それは今日では「彼らがアナーキストだったからだ」ということを意味する。したがってアナーキスト的人類学がすでに実在するならば、それはモースからきていると言えるのだ。

モース以前に広く行き渡っていた前提は、貨幣や市場なき経済は「物々交換《バーター》」によって機能している、ということであった。それらは（有効な物品やサービスをできるだけ負担のない方途によって獲得し、可能な限り豊かになろうという）「市場的ふるまい

（behavior）」をなしながらも、それをさらに発展させる洗練された方法を持っていなかった、と考えられていた。しかしモースが証明したのは、このような経済は実際には「贈与経済」だったということである。それらは計算に依拠していなかった。むしろそれを拒絶していた。それらは、われわれが経済の基本原理とみなしているほとんどを意識的に拒絶する倫理体系に根ざしていた。それらは、いまだにもっとも有効な方法で利潤を得ることを学んでいなかった、のではない。それらは——少なくとも自分の敵でない誰かに対して——最大の利益を引き出す目的で経済的取り引きをすることは、攻撃的な行いであるという前提を確立していたに違いない。

昨今の記憶において、はっきりアナーキストと自認する（希少な）人類学者は、やはりフランス人のピエール・クラストル（一九三四—一九七七）であろう。彼が政治的な次元で似た思考を展開していたことは意義深い。彼の考えによると、政治的人類学は、国家とはそれ以前に存在した組織形態がより洗練されたものであるという進化論的視点を抜け出していなかった。たとえば彼自身が調査したアマゾン社会の国家なき人びとは、アステカやインカのような段階に達していない、というのが暗黙の前提であった。そこで彼が投げかけた問いは、アマゾンの人びとが、国家権力の初期段階的形態にまったく気づいていないわけでなかったら？　ということであった。彼らは、ある一定の男たちが、暴力の脅威に裏づけられて、他の皆に対して有無を言わせず命令するようになったらどうなるか気づいていないわけではなく、そのためにこそ、そのようなことが絶対起こらないように心掛けていたのではないか？　彼らは、われわれの政治科学が基本的前提としていることが、道徳的に間違っていると考えていたのではないか？*

右記二者の議論の平行関係は、実に刺激的である。贈与の経済においても、諸個人を事業化する方途は存在している。だがそこではすべてが、恒常的な富の不平等を生み出す土壌を提供しないように配置されている。そして自己拡張的な人びとは、誰がより多く譲渡するか競合することに帰結する。アマゾン（や北米先住民）社会においては、首長（chief）の制度が、政治的な次元で似た役割を担っていた。その位置に就くことは、あまりにも要請が厳しく、報酬が小さく、常時、護衛に堅く取り囲まれているために、権力好きな個人がそれを弄んで好い目を見るようにはできていなかった。アマゾンの人びとが、実際にしばしば支配者の首を刎ねていたというわけではない。だが、そのような隠喩《メタファー》が、まったく的外れだったわけでもないのである。

* ピエール・クラストル『国家に抗する社会』渡辺公三訳、書肆風の薔薇、一九八九年。

そのように見ていくと、それらすべては、きわめて現実的な意味で、アナーキスト社会だったと言えるのである。それらは国家と市場の論理をはっきりと拒絶することに基礎をおいていた。

だがそれらはまたきわめて不完全なものでもあった。クラストルに対するもっとも一般的な批判は、アマゾンの人びとは、いったいどうやって自分たちが実際に経験したことのない力の出現に対抗する社会を組織することができたのか？　というものである。それ自体ナイーヴな疑問だが、同時にクラストルのナイーヴさを指摘するものでもある。たとえばクラストルは、女性の役割を超え出ようとする女性たちを輪姦することで、彼女らを脅すことで有名なアマゾン社会を、まったく平等主義的な社会として紹介している。いったいどうして彼はこんな盲点を曝《さら》してしまったのか？　だがこのことが図《はか》らずとも、上記の質問の答えとなるだろう。おそらくアマゾン社会の男たちは、自分たちが自分たちの妻や娘たちにそれを行使することで、恣意的だが暴力に裏づけられた有無を言わせない力がどんなものか理解していたのだ。おそらくまさにその理由で、それが自分たち自身に及ぼす構造を白日の下に晒《さら》したくなかったのだ。

このことを強調する意味は大きい。クラストルは多くの意味でナイーヴなロマン主義者だった。だがまた別の視点から見ると、そこには謎はない。結局ここでわれわれが語っていることは、ほとんどのアマゾン人たちは、他者に自分たちに対して物理的な外傷として脅威を及ぼす力を与えたくない、ということである。だからわれわれはむしろ、この姿勢が何らかの説明を必要としているように感じるということ、それがわれわれ自身について語っていることこそを問うべきなのである。

想像的対抗力の理論に向けて

つまりこれこそ、私が「代案的《オルタナティヴ》な倫理学」と呼ぶものである。諸々のアナーキスト社会は（近代アメリカ人が、嫉妬、大食、怠惰に対する人間の能力に気づいていないほど）貪欲と虚栄心に対する人間の能力に気づいていないわけではない。実際それらの社会は、それらの現象の道徳的な危険性の不吉さを認識したからこそ、それらを押さえ込むことのまわりに社会生活を組織していた。

本書が純粋に理論的な仕事だったなら、私はこれらのことすべてが「価値論」と「抵抗論」を統一する興味深い方法であることを示そうと試みるであろう。だがこの文脈における目的のために、ここで言いたいことは、モースとクラストルは共にそう意図したわけではないものの、「革命的対抗力（revolutionary counterpower）」に関する理論の基礎を準備していたということである。

これはどちらかというと複雑な議論になるだろうから、一歩一歩進めていこう。典型的な革命論議において「対抗力」とは、たとえば自己統治的共同体からラディカルな労働組合、大衆武装組織まで、国家と資本主義に対抗する社会制度の集合となる。ある場合には、それはまた「反‐権力（anti-power）」とも呼ばれるであろう。こうした制度が国家に対して自らを対峙させている状況は、「二重権力」状態と呼ばれる。このように定義すると、人類史のほとんどの局面は、実際には二重権力状態だったことがあきらかになる。というのも、それらの制度を望み通りに根絶やしにする方途を獲得していたのは、歴史的国家の中でも実に稀だったのである。しかしモースとクラストルの議論が示唆しているのは、それよりはるかにラディカルなことである。それらによると対抗力とは、少なくとももっとも基本的な意味において、国家と市場が現前していないところにも存在しているものなのである。その場合にはそれは、領主や王や金権政体の権力に対抗する大衆的な制度として具現化されるのでなく、逆にそのような人物が現れないことを確実にする制度として形成されてきたのだ。それが「対抗する（counter）」のは、社会内部の可能性（potential）、潜在的な局面（latent aspect）、あるいはこう言ってよければ「弁証法的可能性」なのである。

これは少なくとも、奇妙奇天烈に見える事実を説明する助けになるだろう。たとえばなぜきわめて平等主義的な社会に限って、ひどい内的な対立／緊張や象徴的な暴力の極限的な形態によって引き裂かれているのか？

あらゆる社会は、一定の度合い、自らと戦争している。そこではつねに利潤、派閥、階級などの衝突が起こっている。また諸々の社会制度は、つねに人びとを異なった方向に引っ張る異なった価値の形式の追求を土台に形成されている。世論の一致の創出と確保に比重を置いている平等主義的な社会においては、これはしばしば、同じように手の込んだ反応の形成として、怪物や魔女やその他の魑魅魍魎が暗躍する闇の世界を誘発する。もっとも平和な社会こそが、その想像的宇宙の構築の中では、永遠の戦争の脅威にもっとも呪われているのだ。それらを包囲する不可視の世界は、文字通り戦場なのである。それはあたかも社会的合意を獲得しようとする絶えざる労働が、絶えざる内的暴力を、あるいはより正確に言って、内的暴力を測定し閉じ込める過程を隠しているかのようなのである。そしてまさにこれこそが、あるいはその結果現れる道徳的矛盾の縺《もつ》れこそが、社会産出力の第一の素材となるのである。だが、これらの闘いあう諸原理や矛盾しあう諸衝動自体が、最終的な政治的現実《リアリティ》なのではない。むしろそれらを調停する調整過程がそうなのである。

いくつかの例を検討してみよう。

第一の事例

ピアロア（Piaroa）は、南米大陸のオリノコ川の支流に沿って生息する、きわめて平等主義的社会だが、民族学者ジョアンナ・オベリングはこれを「アナーキスト」と呼んだ。*彼らは個人の自由と自律に大きな価値を見いだしていて、きわめて意識的に、誰も他人の命令に服していないか、また誰も経済的な富を統制し他人の自由を削減していないか、検閲することを重視している。とはいえ、彼ら自身は、自分たちのピアロア文化が双頭の人喰い道化の悪神に造られたものであると主張している。ピアロアは、人間の条件が、野蛮な「前 - 社会的欲望」に支配された「感覚の世界」と「思考の世界」の間に捕らえられていると規定する道徳哲学を発展させた。ここでは成長するには、他者に対する思いやりとユーモアのセンスの開発によって、前者を統制して自らを方向づけることが必要であるとされる。だが、あらゆる技術的知性の形式には(それがどれだけ人生に必須のものであれ)その起源において破壊的狂気が混在しているという事実のせいで、このことはどこまでも困難になっている。同様に、ピアロアはその平和愛好で知られている。たとえば、他人を殺した人間は、即座に汚穢に飲み込まれ、苦しんで死ぬと信じられていることが示すように、殺人は実に稀である。だが同時に、彼らは永遠に続く、見えない戦争の宇宙を生きている。そこでは、魔女たちが、気の狂った捕食性の神々の攻撃を防いでいる。またあらゆる死は、神秘的な殺人によって起こされていて、それらは(遠いものも、まだ見ぬものも)すべての共同体の魔術的な虐殺によって購《あがな》われねばならない。

* Joanna Overing, *The Piaroa : A People of the Orinoco Basin : A Study in Kinship and Marriage*, Clarendon Press, 1975.

第二の事例

ティヴ（Tiv）は、中央ナイジェリアのベヌエ川の河畔に居住する、これまた平等主義で有名な社会である。だが彼らの家庭生活は、ピアロアに比べてきわめて階層序列的である。高齢の男性は、多くの妻を持ち、お互いに若い女性の生殖力への権利を交換し合っている。したがって若い男性は、父親の家で、未婚の扶養家族として憂き身を窶《やつ》す傾向がある。過去二、三世紀の間ティヴは、奴隷売買とまったく絶縁されていたわけではなかった。また地方的な市場経済も存在していた。氏族間の小さな戦争が起こることもあったが、抗争が大きくなると、共同体間の大総会において調停された。しかしながら、この社会には「敷地（compound）」より大きい政治制度は存在したことがなかった。政治的制度と見紛うものは、即刻、嫌疑をかけられる。あるいはより正確には、超常的《オカルト》な脅威《ホラー》のオーラに包まれたものとみなされている。これは、民族学者ポール・ボハナンが簡明に説明しているように*、当地で「人びとは他者の肉体を消化することで力を得る」と語られているような、「力の本質」の故なのである。したがって市場の形成は阻止されてきた。また、市場の支配は、病の素となる魔力によって強化され、人体の部分や血によって生き延びると言われてきた。何らかの名声や富や顧客をとり集める企業家たちは、魔法使いとみなされてきた。彼らの心は、人間の肉を食らうことによってのみ獲得しうるツァヴ（tsav）と呼ばれる物質によって覆《おお》われている。ほとんどの人びとは、そうなってしまうことを避けようとするが、魔法使いの秘密社会が存在していて、人間の肉片を人びとの食べ物に混ぜ入れるために、人びとは「肉の負債」を負い、不自然な渇望を覚えるようになり、自分たちの家族全員を食べるようになっていく。この想像上の魔法使い社会こそが、この国を支配する不可視の政府と考えられてきた。かくして権力は悪の制度化であるため、あらゆる世代の生起にともなって、魔法使い探しの運動が起こり、悪人を暴き出し、あらゆる権威構造の出現を挫《くじ》いてきた。

第三の事例

私が一九八九年から一九九一年まで住んだマダガスカル高地は、右記とは異なっていた。その地方は、一九世紀初期以降、メリナ王国というマラガシ国家の中心地となり、また苛酷な植民地支配に耐えてきていた。そこには市場経済があり、かつ理論的

＊ Laura and Paul Bohannan, *Tiv of central Nigeria*, International African Institute, 1953

には――私の滞在中には、「メリナ・ブルジョアジー」と呼ばれる人びとに支配された――中央政府が存在していた。だが本当のところ、この政府は、ほとんどの地方から支配体制を実質的に引き払っていたので、田舎の共同体は実質的に自治していた。多くの意味において、この体制はアナーキストとみなしうるものであった。地元のほとんどの決定事項は、非公式的な集団の間の合意でなされ、指導者なるものはつねに懐疑の眼で視られていた。たとえば大人が、お互いに（ことに継続的に）命令し合うことは間違ったことだと考えられていた。また賃労働のような制度を形成することは、道徳的に疑わしい行為とみなされていた。あるいはより正確に言うと、それらは――フランス人や大昔の邪悪な王たちや奴隷所有者たちのような――反マラガシ的ふるまいとみなされていた。社会は総体的には平和的に見えた。だがここもやはり、見えない戦争に囲まれていた。ほとんど誰もが、危険な薬物や精霊を手もとに携え、それらをいつ使うかわからない状態にあった。夜は、裸で墓地の上を踊り狂い、馬のように男たちを乗り回す魔女たちが暗躍していた。あらゆる病は、誰かの嫉妬、憎しみ、あるいは呪いに起因するものであった。その上、魔術は、この国民性にとって妙な両面価値的《アンビバレント》な関係を持っていた。人びとは、マラガシ人は「頭の上の髪の毛」のように平等で一体であると譬《たと》えるほどだったが、経済的な平等性という理念が（まったくではないが）ほとんど主張されることはなかった。しかしそれでもなお、金や力を持ち過ぎた人物は、魔術によって破壊されることになっていた。魔術は邪悪の定義ではあるが、同時にきわめてマラガシ的なものと考えられていた（魔力［charms］は単なる魔力だったが、邪悪な魔力［evil charms］は「マラガシ的魔力」と呼ばれていた）。道徳的な一体感を求める儀礼が起こり、平等の理念が主張されたが、あくまでもそれらは、魔法使いたちを押さえ込み、追い払い、また撲滅する儀礼の過程としてなされた。つまり魔法使いたちとは、結局、この社会の平等主義的なエートス自体の捩《よじ》れた具現化であり、実用的な施行方法のことなのだった。

右記のどの事例においても、騒々しいばかりの宇宙論的内容と、最終的な合意に導く仲介としての社会的過程の間に、きわめて際立った対比があることにお気づきのことと思う。これらのどの社会も完全に平等主義的なものではない。つねに——少なくとも男性による女性の、そして年寄りによる若者の——支配の鍵となるような形式が存在している。それらの形式の性質と強度はまちまちである。ピアロア共同体においては階層序列があまりに慎ましいものなので、オベリングもこれを（共同体の指導者は例外なく男性ではあるものの）「男性支配」と呼べるかどうか疑っている。ティヴについては事情はまた異なっている。それでも構造的な非平等性が存在している。つまり正確には、これらのアナーキスト社会は不完全であるだけでなく、自らの破壊の種を胚胎している。だからより大きく、より体系的に暴力的な支配形態が現れた時、それらは年功とジェンダーの常套句を使って自らを正当化しようとする。

だがそれでも、見えない暴力と恐怖を、単に不平等性の形式が生んだ「内的矛盾」の作用とみなすのは過ちだと考える。おそらくもっとも現実的で具体的な暴力の場合はそうだと言えるだろうが……。少なくとも、際立った非平等がジェンダーをもとにしたものだけの社会においては、人が眼にする殺人は、女性をめぐって男たちが殺し合う場合に限られることは多少知られている。同様に、一般的に言って、社会の中で男性と女性の役割の違いがより際立っていたらそれだけ、非平等性は、より物理的に暴力的になるようだ。だがこのことは、すべての非平等性が消えたなら、想像力さえ含むすべてが、平穏無事になることを意味していない。私は、この不穏のすべてが、ある程度は人間的条件の本質からきているのではないか、と訝《いぶか》ることがある。この世の中で、人間生活に根本的問題を見いださない社会は存在していないようだ。何を問題とみなすかに関して、どれだけ異なった視点を持っていようと、少なくとも仕事と性と再生産の存在自体にあらゆる類の困惑が充満し、人間の欲望は常に気まぐれで、それに加えてわれわれはみな死んでいくという事実がどこにでも存在している。つまり悩みの種はいくらでもある。これらのジレンマのどれもが、構造的な不平等をなくしたからといって消え去るものではない（無論それがすべてをよりよい方向へ向けることは間違いないのだが……）。実際、人間の条件、欲望、道徳性など、すべてが解決されるだろうという空想は、つまり権力と国家の自惚《うぬぼ》れの裏のどこかに潜んでいるユートピア像は、ことさら危険に思えるのである。それに対して、すでに示唆したように、「亡霊的暴力」というものは、平等主義的な社会を保持しようとする企画《プロジェクト》に内在する緊張関係の中から立ち現れる。そうでなければ、人は少なくとも、ティヴの想像力が、より平等主義的なピアロアのそれより喧噪に満ちているに違いないと想定するだろう。

国家というものが、人間的条件の不可能な解決策に関する像《イメージ》から出現したというのは、クラストルの主張でもあった。彼は、国家制度は歴史的に（それが起こらないように企画された）アナーキスト社会の政治制度から出現したことはありえないと主張した。むしろそれは宗教的な制度からのみ出現しえた。彼はその例として、「邪悪のない国」を求めて全人口の移住を指導したトゥピナンバの予言者を指摘している。より最近ではピーター・ランボーン・ウィルソンが、支配の出現に対抗する機構を設置することを「クラストル機械」と呼んでいる。* それはまさに私が「対抗力の機構（apparatus of counterpower）」と呼んでいるものなのだが、それ自体もまた、諸々の黙示録的な空想に捕らえられる可能性を持っている。

この地点で読者各位には疑問が生起しているだろう。「それはわかった。だがそれは、通常「対抗力」という言葉を使う時に、革命論者たちが対象とする反乱的共同体といったいどんな関係があるのだ？」

ここでおそらく有効になるのは、初めの二つのケース（ピアロアとティヴ）と三番目（マラガシ）の差異について考えることだろう。一九九〇年前後に私が知った諸々のマラガシ共同体において人びとは、多くの意味において「反乱」と呼ぶものに近い状況を生きていた。当地では一九世紀と二〇世紀の間に、民衆の姿勢が大きく変化していた。

先の世紀に書かれたほとんどすべての報告が語っているのは、堕落しばしば暴力的になったマラガシ政府への人びとの広範な反感にもかかわらず、その君主制そのものの合法性、あるいはことに女王への個人的な忠誠心を疑う者はいない、ということであった。また奴隷制を公然と疑問視する者はほとんどいなかった。一八九五年にフランスがこの島を征服してから、君主制と奴隷制が廃棄された。これらの変化は、実に敏速に起こったかのように見えた。この片田舎において、ひとつの世代の退陣を待つことなく、百年後には普遍的になるだろう姿勢が現れたのだった。奴隷制は悪である。そして君主制は万人を奴隷のように扱うので、本性的に反道徳的であるとみなされた。結局、すべての命令的関係性（兵役、賃労働、強制労働）は、人びとの心の中で、奴隷制の変形として結合された。かつて異議申し立てが不能とみなされていた諸制度が、今や違法性の権化となった。そしてこれはことに高等教育とフランスの啓蒙主義思想とかかわりが薄い人びとの間で顕著な姿勢だった。「マラガシ人であること」は、そのような異国のやり方を拒絶することと同義となった。ここでこの姿勢を、国家諸制度への継続的で控えめな

＊ Peter Lamborn Wilson, *Escape from the Nineteenth century and other essays*, Autonomedia, 1999. この本は通称「シャーマニック・トランス（The Shamanic Trance）」と呼ばれている。

抵抗と、自律し相対的に平等な自己統治の諸様態の精巧化と繋げてみよう。するとまさにそこで「革命として起ったこと」が見えてくる。一九八〇年代の財政危機の後、国家体制はこの国のほとんどの地域で実質的に崩壊した。あるいは体系的な強制機構の支えをなくした空の形式へと退行していった。だが地方の人びとは、それ以前と変わらず生活を続けていた。もはやどんな形の税金も払っていないにもかかわらず、定期的に役所に赴いて書類に記入することだけは続けていた。政府はどのような事業や供給も執行せず、警察はもはや泥棒や殺人が起こっても出てこなかった。革命とは、人びとが何らかの権力の形態を、抑圧的であるとみなしそれに対抗し、その本質的な様相の中に反対すべきものを見いだし、そのような権力を日常生活の中から完全に駆逐しようと試みることであるならば、これが革命だったことは否定しがたい。そこでは蜂起は起こらなかった。それでもこれは革命であった。

それがどれだけ継続するかということは、また別の問題である。それは実に壊れやすく儚い自由だった。マダガスカルでも他のどこででも、そのような多くの包領は崩壊していった。一方で、生き残る場合もあり、かつ常に新しいものが創造されている。現代社会はこういった「アナーキーな空間」に戸惑っているのだ。成功すればするほど、それらについて耳にすることはなくなる。むしろそのような空間が崩壊し暴力に帰結する場合にのみ、部外者はそれらが存在していたことを知ることになるのだ。

しかし厄介な疑問は、なぜ、大衆の姿勢におけるかくも根深い変化がかくも敏速に起こるのか、ということである。おそらくそれに対する穏当な答えは、実はそんな突如の変化は起こっていない、というものである。おそらく一九世紀の王制においても、外国人の観察者が（そこに長く定住した者さえ）気づかなかった事象がずっと生起し続けていたのだ。もちろん、あきらかに植民地支配の強制的介入によって起こった社会的優先事項の再編*があった。だがともかく私の考えでは、それは深く埋め込まれた対抗力の形式の継続的な存在がなしたことだった。革命を作り出す多くのイデオロギー作用は、魔法使いや魔女たちの亡霊的な闇世界で駆動される。実際それは異なった形式の「魔術的力」の道徳的含蓄を再定義することによってなされる。しかしこのことは、これらの亡

＊　この文化の内には（他と同じように）、すでに反階層序列的原理や遠近法が埋め込まれていた。一九世紀において、それらは重視されておらず目立たなかったが、フランス統治下において、突然、全面に出るようになった。ここでの〈優先事項〉とは、社会／文化的道徳律の中で一定の歴史的時点において、最も重視されるようになる側面のことである。
――デヴィッド・グレーバー

霊的な領域が、常に道徳的な想像力の支点であること、つまり可能な革命的変遷への創造力の貯水池であることを強調しているにすぎない。まさにこの見えない――とりわけ権力にとって見えない――空間からのみ、反乱の可能性、つまり革命時においてのみ、どこからともなく現れる信じがたい社会的創造力が到来するのだ。

ここでこれまでの議論をまとめると

(1) 対抗力とは、まず何よりも想像力に根ざしている。それはすべての社会機構は矛盾の縺《もつ》れであり、つねに多かれ少なかれ自らと戦っている、という事実に起因している。あるいはより正確に言うと、それは(結局、暴力にもとづいていない社会がすべてそうでなければならないように)合意にもとづいた社会を維持するために必要な実践的な想像力――共通の了解を可能にする絶えざる他者との想像的同一化――と、その不断の、おそらく必然的な帰結である亡霊的な暴力の間の関係性に根を持っている。

（2）平等主義的な社会における対抗力は社会的力の支配的な形式であるとみなしうる。それは社会内部の恐るべき可能性と見られるもの、ことに体系的な政治あるいは経済による支配の形式の出現を、警戒し続けている。

（2a）対抗力は、制度的には、われわれが直接民主主義、合意、仲介などの諸制度と呼ぶ形式をとる。それは不可避的な内的抗争を公共的に調停し制御し、かつそれを社会がもっとも望ましいとみなす――たとえば懇親性（conviviality）、満場一致（unanimity）、豊穣（fertility）、繁栄（prosperity）、美（beauty）など、どのように括られようと――社会的様態（あるいは価値の諸形式）に変容する。

（3）ひどく非平等的な社会において、想像的対抗力は、ことさら非難に値すると見られる支配の様相に対して己を位置づけ、それらを社会関係から一掃する試みとなることがある。その場合それは革命的となる。

（3a）制度的には、それは想像力の泉として、新しい社会形態の創造や古い社会形態の価値再編と変容を司り、さらにまた……

（4）（かつて革命と呼ばれた意味における）ラディカルな変容時には、これこそがまさに、まったく新しい政治、経済、社会的形式を発明するまさにその大衆的権能を可能にする。したがって、これはアントニオ・ネグリが「構成的権力」と呼ぶ、憲法を創造する力の根でもある。

ほとんどの近代的憲法制度は、自らが（アメリカ革命やフランス革命など）反乱によって創出されたと認識している。無論これがつねに当てはまるわけではない。だがこれはある重要な設問を準備する。政治的な意識をもったすべての人類学は、何がいわゆる「近代」世界とその他の人類史的領域を区別しているのか、また何がピアロア、ティヴ、マラガシなどの人びとがそこから追放されている領域を画定するのか、という設問から出発せねばならない。これはきわめて厄介な設問だが、避けて通るわけにはいかない。そこからしか、アナーキスト人類学もまた出発しえないのだから。

壁を爆破すること

すでに言ったように、アナーキスト人類学は実際には存在していない。その断片が散らばっているのみである。初めの部分で、私はそれらのいくつかを取り集め、共通の主題を探そうとした。ここではそこからさらに進んで、未来のある時点で存在するかもしれない社会理論の身体を想像してみよう。

予想される諸批判

だが、その前に、このような企画《プロジェクト》に対してなされる通常の批判に対処しておかねばならない。その最たるものは、現に存在するアナーキスト社会の研究は、近代世界とは無関係ではないか？ 結局それはあれこれの原住民について斟酌しているだけではないか？ というものである。

人類学について何ごとかを知っているアナーキストたちにとっては、こういった挑戦は日常茶飯事のことである。その典型的なやり取りは以下のようになるだろう。

懐疑論者 もし君が、それが実際にうまくいく理由を示してくれさえするなら、そのアナーキスト的思考とやらをまともに考えてもいい。実際に存在した政府なき社会の例を、ひとつでもいいから挙げてくれないか？

アナーキスト いいよ。いくらでもある。まず思いつくものからいくつか挙げて見よう。ボロロ族、バイニング族、オノンダガ族、ウィントゥ族、エマ族、タレンシ族、ヴェズ族……。

懐疑論者 でもそんな奴らは皆、原住民じゃないか！ 僕は近代テクノロジー社会におけるアナーキズムについて議論しているつもりだ。

アナーキスト わかった。成功した実験の例はいくらでもある。モンドラゴン協同組合のような労働者の自己管理、Linuxのような贈与経済の思想にもとづいた経済的企画《プロジェクト》、合意と直接民主主義にもとづいたさまざまな政治組織……。

懐疑論者　わかった、わかった。でもそれらはすべて、小規模の孤立した運動の例じゃないか。僕は全社会的変革について聞いているのだ。

アナーキスト　人びとはそれをいろいろ試みてきている。パリ・コミューン、スペイン革命……。

懐疑論者　でも、彼らに何が起こったか知ってるだろう！　みんな殺されてしまったではないか！

骰子は投げられようとしていた。だがこれでは勝てない。この懐疑論者が「社会」という時、彼が意味しているのはすでに「国家」あるいは「国民国家」だからだ。誰もアナーキスト国家などというもの——無論それは自家撞着である——を作ろうとはしない以上、ここでわれわれが実際に問われているのは、政府が引っこ抜かれた状態にある近代国家の例である。どこでもいいのだが、たとえばカナダ政府が転覆された。あるいは何らかの理由で自己消滅した。そこで新たな政府が君臨する代わりに、旧カナダ市民が、自由連合体（libertarian collectives）を組織しはじめる……。こんなことが、起こりえないのは自明である。過去、こうした事態が生起しそうになった時は常に――まさにパリ・コミューンやスペイン内戦のように――近隣諸国を運営していた政治家たちほとんどみなが、通常の意見の相違を差し置いて、直ちにこの状態を実現しようとしていた人びとを一斉検挙し、銃殺刑に処すことに合意したのである。

　だが、ここには抜け道がある。アナーキスト的組織形態は、どんな意味においても国家に似ていないということを認知することである。アナーキスト的組織形態とは、あらゆる規模の無数の異なった種類の共同体や連合や網状組織《ネットワーク》や企画《プロジェクト》が、想像もしえないようなあり方で、重複し交差している様態なのである。あるものはきわめて地元に密着し、また他のものはグローバルに広がっている。それらのすべてに共通しているのは、それらのどれひとつとして、武器を持って現れ、皆に黙れと命令し、すべきことを指令するようなことはしない、ということである。どの国内においてもアナーキストたちが、権力を奪取しようとすることはないので、ひとつの制度が別の制度に入れ替わる過程は、バスティーユ襲撃や冬宮襲撃のような、ある突然の革命的大変動という形をとらない。むしろより漸進的に、現今の権力の形態が馬鹿馬鹿しく意味をなさないことを証明する、世界的な規模の代案的《オルタナティヴ》組織形態をつくり、新しいコミュニケーションの形式を示し、新しい非疎外的な生活の組織化の方法を創造するだろう。このことは逆に、実現しうるアナーキズムには無数の例がありうることを意味している。クレズマー楽団から国際郵便局に至るまで、高み立って権威を押しつけないものなら、どんな種類の組織でもアナーキズムたりうるのだ。

しかし不幸なことに、このような議論は、ほとんどの懐疑論者を満足させないだろう。あくまでも彼らは「社会」を欲しているのだ。そこで歴史的、民族学的資料を漁《あさ》って、(ひとつの民族によって構成され、同じ言語を話し、閉じられた領土に生息し、共通の法的原理を信奉する)国民国家に似た集合を探すことに献身するのだ。だがその集合は国家機構を持っていない(人は国家機構というものをマックス・ウェーバーに倣って、公認された領域の範囲内で、自分たちのみが暴力的に行動することが認可されていると主張する集団、と大雑把に定義することができる)[*]。そしてその集合にしても、遠い時間的、空間的距離において、比較的小さいコミュニティとしてのみ発見しうるものである。だからまさにその理由で、これらも懐疑論者が想定する「社会」には当てはまらな

＊　マックス・ウェーバー『職業としての政治』脇圭平訳、岩波文庫、一九八四年。

いとみなされる。

そこでわれわれは本来の問題に後戻りしている。われわれが住んでいる世界と「原始的」「部族的」（あるいは「農民的」）とみなされる人びとが住んでいる世界との間には、絶対的な断絶があると想定されている。これは人類学者の責任ではない。われわれは過去何十年にもわたり、「原始的」などという状態は存在していないということ、「単純社会」とみなされているものは実際に単純ではないこと、時間から切り離され孤立して存在してきた者などいないこと、ある社会機構がより進んでいたり遅れていたりすることなどないこと、を説得してきた。だがその成果はほとんどあがっていない。平均的なアメリカ人に対して、アマゾンの人びとが彼らに——近代文明を捨てて、アマゾンに住めと言うこと以外に——何か教えることを持っていることを説得するのは不可能である。そしてそれは、彼らがまったく別の世界に住んでいると信じられているからである。そして妙なことにそれは、再度、われわれが革命というものを考える時の慣習のせいなのである。

ここで先の章で開始した議論を取り上げて、そのことの是非を問うてみよう。

小マニフェスト　革命という概念について

「革命」という語は、日常的な用法の中でどんどん安価になってきていて、今ではほとんど何を意味してもおかしくない体たらくである。革命は毎週起こっている。貯蓄革命、サバネティック革命、医療革命、（賢いソフトが発明される度の）インターネット革命……。

こうした修辞法《レトリック》が可能なのは、ただただ革命に関する通常の定義が、明瞭な断絶を、つまりそれ以後はすべてが違ったふうに機能するので、以前のカテゴリーにまったく意味がなくなるという、社会的現実における根本的な亀裂を意味する「パラダイムの転換」の類を含意しているからである。このような意味において、近代世界はフランス革命と産業革命という「二つの革命」に起因していると言われるのである。だがこの二つには、それ以前にあったものとの断絶を記《しる》しているという以外には何も共通点はない。この奇妙な帰結は、エレン・メイクシンス・ウッドが指摘しているように[*]、われわれが近代について議論する時、つねにそれがイギリスの放任主義経済とフラン

＊ Ellen Meiksins Wood, *Pristine culture of capitalism : a historical essay on old regimes and modern states*, Verso, 1992.

スの共和制政府の合体であるかのように捉えている、ということである。だが実際これら二者は同時に起こったことではない。産業革命は、奇態で古びた、いまだにきわめて中世的なイギリス憲法のもとで起こり、それに対して一九世紀フランスについては、それが放任主義と何のかかわりもないものだったことだけは確かなのである。

（かつて一世を風靡した「発展途上世界」にとってのロシア革命の魅力は、そこではこれら両方の革命が起こったかのように見えたことからきていた。つまり国家権力の奪取が、迅速な産業革命を導いたことである。その結果、二〇世紀に勃興したすべての世界南部の政府は、産業力にものを言わせて経済力を勝ち取ろうとしたが、それらは同時に革命的な政権を自認していた）。

もしこれらのことにひとつ決定的な論理的誤謬が介在しているとすると、それは社会的変革（あるいはテクノロジー的変革さえも）が、トーマス・クーンが「科学革命の構造」*と呼んだものと同じ形をとるはずだと想像したことである。クーンが想定していたのは、ニュートン的な宇宙からアインシュタイン的なそれへの転換という出来事であった。それは突発的な知的飛躍であり、それ以後、宇宙は異なったものとなる。これが科学革命以外の何かに当てはめられるということは、世界というものは、実際それに対するわれわれの知に相当するということ、だから知的原理を変えた瞬間に、現実もまた変わるということを含意している。これでは発達心理学者が、われわれが幼児期において克服すべきだが、実際にそれをなす人は少数であると指摘する、知性の発展における基礎的な混同と変わりはない。

実際、世界は、われわれの期待通りに進行する義務を負っていない。そして「現実」というものが何かを意味するならば、それは決してわれわれの想像的構築によって形成されることがないものだということである。ことに「全体性」なるものは、つねに想像力の産物である。国民、社会、イデオロギー、閉じられた体系……、これらのどれもが、実際に存在するものではない。それらが存在するという信念は、間違いなく社会的な力である。だが現実は、つねにそれより混乱している。ひとつ確かなことは、世界や社会を（そこではすべての要素が、その他との関係においてのみ意味を持つという）「全体化する体系（totalizing system）」として定義する思考の癖は、ほとんど不可避的に革命というものを、大変動的な亀裂（cataclysmic rupture）と捉えてしまう、ということだ。というのも、それ以外一体どんな経路で、全体化する体系がまったく

＊　トーマス・クーン『科学革命の構造』中山茂訳、みすず書房、一九七一年。

異なったものに取り代わりうるだろう？　そこで人類史は革命の連続となる。新石器時代革命、産業革命、情報革命……等々、そして政治的な夢は、この過程を管理することとなる。われわれ自身が、ある一定の集合的意志によって、断絶を、この強大な飛躍を生起させることができるようになること――つまり「革命」である。

そう考えると、ラディカルな思想家たちが、この夢を放棄せねばならないと感じる瞬間、彼らの最初の反応は何だろう？　まずともかく革命は起こり続けているとみなすために努力を倍増することである。たとえばポール・ヴィリリオのような人物にとって「断絶」はわれわれの永遠の存在様態となる。またジャン・ボードリヤールのような人にとっては、彼が新しいアイデアを案出し続けられる限りは、世界は二、三年に一度、完全に入れ替わってしまうのである。

ここで私が試みていることは（そんなことが可能だとは思えないが）「想像の全体性（imaginary totalities）」に対するあけすけの反対表明ではない。それはおそらく人間の思考にとって必要不可欠な道具なのだ。むしろそれが単なる思考のための道具であること、これを忘れないことの重要性を主張したい。たとえば以下のような疑問を投げかけることができるのはいいことだろう。「革命の後で、われわれはいったいどのように大衆交通機関を組織するのか?」、「誰が科学的探求に資金提供するのか?」、あるいは「革命の後でも、ファッション雑誌はありうるだろうか?」等々。このような言い種は、発想の転換にとって有効な、いわば「精神的蝶番」となりうる。しかしそれでも現実には、何万人もの人間を殺す覚悟がない限り(あるいはそれでもなお)革命とは右記の言い種が示唆するような、奇麗な断絶とはなりえない、ということをわれわれは認識している。

それでは一体どのように生起するのだろうか? すでに示唆したように、世界規模の革命は、長期に渡る出来事である。とはいえ、それがすでに始まっていると認識することも可能である。それを再考するのにもっとも簡単なやり方は、革命を——「大革命(the revolution)」あるいは「大変動(the great cataclysmic break)」といった具合に——「物事(a thing)」とみなすことをやめることである。そしてその代わりに「何が革命的行動か?」と問うことである。そうすればわれわれは、革命的な行動とは、権力と支配の特定の形態を拒絶し、それに立ち向かいつつ、社会関係を(その集団の内部からさえ)再構築する、あらゆる集団的な行為である、と言えるだろう。革命的な行動は、必ずしも政府を転覆することを目指す必要はない。権力の目前において—

―ここでコルネリュウス・カストリアディスの定義に従うなら、[*] 自らを構成し、規約あるいは行動原理を集合的につくり、継続的にそれらを再検討するような――自律的共同体を創造する試みは、まったく革命的な行動と定義しうるのだ。そして歴史が示しているように、こうした行動の継続的な積み重ねは（ほとんど）すべてを変革してしまうのだ。

このような議論を展開するのは、無論、私が初めてではない。国家とその奪取という思考を遺棄するやいなや、こういった視点が立ち現れる。ここで私が重視したいのは、われわれの歴史的視座に対してこれが何を意味するかということである。

ひとつの思考実験、
あるいは壁を爆破すること

私がここで提案しているのは、ある種の思考実験をやろうよ、ということである。最近のある著者の本のタイトルのように[**]「われわれは近代的だったことなどない」としたら？ もし決定的な断絶などというものはなく、したがってピアオラやティヴやマラガシの田舎などと、異なった倫理的、社会的、政治的宇宙に生きているわけでないとしたら？

「近代」というものを定義する上で、無数の違った方法がある。そのいくつかによると、それは主に科学とテクノロジーに関するものであり、その他にとっては個人主義にまつわるものである。さらに資本主義にかかわるもの、官僚的理性にかかわるもの、疎外にかかわるもの、あれこれの自由の理想にかかわるもの……。それをどのように定義しようと、どの視点も同意するのは、一六世紀か一七世紀か一八世紀のある時点で、大転換（Great Transformation）が起こった。それが起こったのは、西ヨーロッパとその植民地においてであり、その影響で、われわれは「近代」になった。そしていったんそうなるや、われわれはそれ以前に存在した生き物とは、根本的に違ったものになってしまった、ということである。

だがこのような機構を完全に打ち捨ててしまったらどうなるか？ 壁を爆破してしま

＊ Cornelius Castoriadis, *Philosophy, politics, autonomy Essays in Political Philosophy*, edited by David Ames Curtis, Oxford University Press, 1991.

＊＊ Bruno Latour, *We have never been modern*, Harvard University press, 1993.（ラトゥール『虚構の「近代」 科学人類学は警告する』川村久美子訳、新評論、二〇〇八年）。

ったらどうなるか？　コロンブスやヴァスコ・ダ・ガマが探検旅行で「発見」した人びとが、単にわれわれのことだったらどうか？　あるいはコロンブスやヴァスコ・ダ・ガマがそうであったという意味で単に「われわれ」だったなら？

私は過去五〇〇年間に何も重要な変化がなかった、あるいは文化的差異が重要でない、と言っているのではない。ある意味では誰もが、すべての共同体が、すべての個人が、それぞれの固有の宇宙に生きている。「壁を爆破する」ということで、私が言いたいのは、われわれには、かつて生きていた九八パーセントの人びとと共通点がないので、彼らのことは考えなくてもいいのだという、傲慢不遜で浅はかな想定を爆破せよ、ということである。結局もし決定的な断絶のみがわれわれの理論的関心だとすると、それは「何がわれわれをここまで特別な存在にしているか？」ということの言い換えでしかない。だから、これらの想定を捨て去って、われわれは自分たちがそう思いたいほど、特別な存在ではないと思うようになった時、初めて、何が真に変化し、何が変化していないか、思考しうるようになるだろう。

ひとつの事例

西ヨーロッパとその植民地が自らをそう呼んできた「西欧」というものが、一五〇〇年から一九〇〇年という四〇〇年の間に、その他の世界のほとんどを征服することを可能にした優位性はいったい何だったのか――この主題をめぐって長いこと議論が継承されてきた。効率よい経済機構のためか？　優秀な軍事的伝統のためか？　キリスト教、あるいはプロテスタンティズム、あるいは理性的な探求精神のゆえか？　それとも単にテクノロジーの賜物か？　はたまた、それは個人主義的な家族構成に関係したことか？　以上が合わさった動因のゆえか？

西洋の社会学は歴史的に、ほとんどこの問題を解くことに専心してきた。西欧は実はどのような意味でも優位性などもっていなかったのではないかと、学者たちが訝《いぶか》るようになったのはごく最近のことである。それは西欧の優位性という仮定が、いかに深く埋め込まれたものだったかの証左である。たとえば一四五〇年におけるヨーロッパのテクノロジー、経済／社会的配備、国家組織、そしてその他の機構は、どのような意味でも、エジプトやベンガルや福建省やそのすべての旧世界の都市部のそれより進んだものではなかった。ヨーロッパは、海戦技術やある種の銀行制度など、特定の領域で先を行っていたかもしれないが、天文学、法学、農業技術、地上戦の技術などにおいては、甚だしく遅れをとっていた。結局、神秘的な優位性などなかったのだ。そこで起こったことは、単なる偶然でしかなかった。あくまでもたまたま西欧は新世界に船出するのにもっとも適した旧世界の一部に位置していた。そして最初にそれを行った者が、とてつもない富を発見する僥倖に恵まれた。また当地に住んでいたのは、無防備な石器時代風の人びとで、都合がいいことに彼らは西欧人が到着するやいなやばたばたと死にはじめた。そのような棚ぼた状況に加えて、過剰人口を収容しうる土地を持つという統計学的な利点をもったことは、ヨーロッパ的趨勢の後々の成功にとって十分すぎた。そこから（より効率良く生産されていた）インドの服地産業を崩壊させ、産業革命の素地をつくり、アジアを、ことに産業と軍事という側面で、かくもテクノロジー的後進地にしてしまう所まで、略奪し威圧することになる。

最近、数々の作者たち（ジェイムス・M・ブラウト、ジャック・グッディ、ケネス・ポメランツ、アンドレ・グンター・フランクなど）がさまざまな形でこの問題を提起している。[*] これらは根底的に、西欧の傲慢を攻撃するという道徳的な議論である。そしてその意味できわめて重要なのである。だが道徳的な意味で唯一問題なのは、それらが「手段（means）」と「気質（inclination）」を一緒くたにしているということである。言い換えると、彼らは一様に、それまでの西欧の歴史家たちと同じように、何がヨーロッパ人たちをして、その他の何百万もの人間を略奪し誘拐し奴隷化し虐殺することを可能にしたにせよ、それは彼らの優越性の証であるという仮定に立っている。するとそれが何であろうと、非ヨーロッパ人たちにはそれがなかったとみなすことは、彼らへの侮辱であるということになる。私には、逆に誰に対してであっても、一六―一七世紀のヨーロッパ人のように振舞う可能性があるとみなす方が、はるかに侮辱的だと思われる。何百万人もの人間に炭坑労働を強い、アンデスや中央メキシコの大部分を無人地帯にし、甚大なアフリカ人口を人質にとって、砂糖きびプランテーションで死ぬまで重労働させるなどというのは、集団殺害が余程好きな輩でなければ考えられない仕業である。人類史上には、たとえば一五世紀の明朝のように、世界的規模の

＊ James M.Blaut, *The colonizer's model of the world : geographical diffusionism and Eurocentric history*, Guilford Press, 1993.
Jack Goody , *East in the West*, Cambridge University Press, 1996.
Kenneth Pomeranz, *Great divergence : Europe, China, and the making of the modern world economy*, Princeton University Press, 2000.
Andre Gunder Frank, , *ReOrient : global economy in the Asian Age*, University of California Press, c1998.(『リオリエント　アジア時代のグローバル・エコノミー』山下範久訳、藤原書店、二〇〇〇年)。

大破壊を行う力を持った人びとの例が多数あった。だが、彼らがそうしなかったのは、躊躇《ためら》ったというより、はじめからそんなことをすることを思いつかなかったからである。

だが妙なことに、すべての議論は、資本主義をどのように定義することを選ぶか、へと向かう。上に挙げた作者たちのほとんどすべては、資本主義を、再び傲慢にも西欧人たち自らが発明した成果であり、そしてだからそれはもっぱら通商と金融のための機構であると（資本家と同じように）定義している。だが、ヨーロッパ人をして、市場に可能な限りの量の銀や砂糖を導入するために、世界の多くの地域の人口を根絶やしにした、どのような人間的な関心よりも損得を優先させるという意志は、それとはまた別のものである。私には、それはまた独自の名を与えられねばならないように思われる。その理由で「資本主義」については、それをその対抗者が好むように「賃金制度」と「限度なき利潤追求の原理」の結びつきに根ざすものと定義し続けるのがよいと信ずる。そのことによって、これについては通常の「通商の論理」の倒錯であり、それがかつて異教的だった世界の隅を統制し、そこの住人をして言語道断の行いに走らせた、と議論することを可能にするだろう。再び強調すると、だがこれらのことは必ずしも、資本主義が現れるやいなや、それが「全体化する機構（a totalizing system）」となり、その瞬間からそこで起こる他のことすべては、それとの関係でしか理解しえない、ということを意味しない。しかしともかく、それは間違いなく、今日それとの真の差異について考えはじめるための枢軸のひとつを提供している。

さてそれでは（どのように定義しようと）西洋とは何ら特別なものではなく、人類史に何の根本的な断絶もない、と想定してみよう。巨大な量的変化が起こったことは誰も否定できない。たとえばエネルギーの使用量、交通の速度、出版され読まれる本の数――このような数量は、急激に上昇してきている。だが議論の便宜上、必ずしもこれらの数量は、質的変化を意味してはいないと想定してみよう。われわれはかつて存在していた社会と根本的に異なった社会に生きているわけではない。また、われわれは根本的に異なった時間に生きているわけでもない。各種の工場やマイクロチップの存在は、政治的／社会的な可能性が、本性的に変わったことを意味していない。あるいはより正確に言うと、西洋はいくつかの新しい可能性を導入したかもしれないが、それはどの古い可能性も消し去ったわけではない。

このように思考してみて、まずあきらかになることは、それがいかに難しいかということである。「近代」社会をめぐって建てられた距離の壁を作っている無数の知的術策《トリック》や仕掛けを削除していかねばならない。その中の例をひとつだけ挙げてみよう。いわゆる「血縁関係を土台にした（kinship-based）社会」と市場や国家など非人称的な制度にもとづいていると想定される「近代的社会」はつねに弁別されている。伝統的に人類学者が研究する社会は、血縁関係を土台にしたシステムを持つものである。それらは「血統（lineage）」、「氏族（clans）」、「半族（moieties）」、「枝わかれ（ramages）」など、「世襲（descent）」集団ごとに組織化されている。先祖を共有し、主に先祖の領地に住むそれらの集団は、似た「類の」人びととみなされているが、この考えは同じ肉、骨、血、あるいは皮膚という身体的な用語《イディオム》で表現されている。「血縁体系（kinship systems）」は、「固定階級制度（caste systems）」においてのように、あるグループが他よりも上と見られている場合など、しばしば社会的不平等の基礎となる。常に「血縁（kinship）」は、性関係や婚姻の条件を確立し、世代から世代への財産の移譲を司っている。

「血縁を軸とした（kin-based）」という語は、しばしばかつて「原始的（primitive）」という語が使われたのと同じように使われている。つまりそれらは、われわれの社会とは似ても似つかぬエキゾチックな社会だということである（だからこそ、それらを研究するには「人類学」が必要とされ、近代的な社会を研究するには「社会学」や「経済学」など、別の学問が必要とされるのである）。しかしながら、このことを主張する当の人びと自身が、われわれの「近代的」社会（あるいはこの議論の文脈では「ポストモダン社会」でもよいが）の主要な社会問題は、人種と階級とジェンダーの間をめぐって現れると前提している。それは「血縁体系からくる問題」ということと同義である。

　ほとんどのアメリカ人は、世界が「人種」によって分断されていると見ている。結局それは、何を意味しているのか？　世界は同じ家系と地理的出自を共有する集団によって分断されている。そのために彼らは、異なった「種類の」人びとであるとみなされる。そしてその考えは、通常、血や皮膚という身体的用語《イデオム》で表現され、そこから起因する体系が、性関係、婚姻、財産相続を統制し、そのことで社会的不平等を創出している。以上のことをアメリカ人は信じているということである。ということは、世界的《グローバル》な規模という以外、古典的な「氏族体系《クラン・システム》」と同じことではないか？　間人種的な婚姻（そしてそれよりも性関係）が多数生起していると反論する向きもあろう。それは当然予想しうる。それならたとえば、統計学的な研究が常にあきらかにしているのは、ナンビクワラやアラペッシュのような「伝統的」社会においても五―一〇パーセントの若者たちは、結婚すべきでない相手と結婚している、ということがある。統計的に言って、この現象は等しく重要である。社会的階級の場合は、集団の拘束性がより明瞭でないので、若干複雑になっている。だがそれでも、支配階級とたまたま金持ちになった人びとの差異は、自分たちの子供を有効に結婚させ、自分たちの優位を子孫に譲渡することができる能力、つまり「血縁制（kinship）」にある。人びとは、階級を横切って婚姻するが、それはあまり遠くまで拡大しない。ほとんどのアメリカ人は、自分の社会が素晴らしい「階級移動性」を持った社会であるという印象を持っているようだ。しかしその例を挙げるよう言われて出てくるのは、二、三の立身出世物語だけである。裕福に生まれたアメリカ人が、貧困地域で死んだというような話はほとんど聞くことがない。するとここでわれわれが問題にせねばならない事実とは、歴史を学んだことのある誰にもお馴染みの事実、つまり支配的特権階級《エリート》は（一夫多妻制でもなければ）人口統計的に、自己再生産することは絶対不可能であり、常に新たな血を雇い入れる方途を必要としている、ということである（そしてもし彼らが一夫多妻制をとるなら、それ自体が「社会的移動性」の一様態となる）。

ジェンダー関係は、もちろんまさに「血縁関係（kinship）」の編み目をなしている。

これらの壁を倒すには何が必要なのか？

言いたいことはいくらでもある。あまりにも多くの人びとが、これらの壁を保持するためにあまりに多くのことを注ぎ込んできた。ここにはアナーキストたちも含まれている。少なくとも合衆国において、人類学をもっともまともに考えたアナーキストたちとは、いわゆる原始主義者《プリミティヴィスト》たちであった。つまり小さいが大変やかましいグループで、人間性を取り戻す唯一の途は近代性を完全に剥ぎ取ってしまうことだと主張している。マーシャル・サーリンズの「本来の豊かな社会」*（“The Original Affluent Society”）というエッセーに影響されて、彼らが強調してきたのは、疎外と不平等が存在していない時代、みなが狩猟民のアナーキストだった時代が存在したということである。したがってわれ

* http://www.eco-action.org/dt/affluent.html

われが「文明」を捨て、上部旧石器時代、あるいは少なくとも初期鉄器時代に回帰しさえすれば、真の解放は訪れる、という考えである。だがわれわれは実際、旧石器時代の生活について、古い頭蓋骨を精査して得たこと（たとえば旧石器時代の人びとははるかにいい歯を持っていて、その死因の多くは頭部の外傷であったことなど）以外ほとんど何も知らない。しかしより最近の民族学的資料には豊富なデータが集まりつつある。たとえば貴族と奴隷を持った狩猟社会もあった。その反面、頑《かたくな》に平等主義的な農業共同体もあった。クラストルお気に入りのアマゾニアの調査地でさえ、ピアロアのような正統アナーキストと呼びうるグループが、まったくそうでない（たとえば戦争好きのシェレンテのような）グループの脇に存在した。そして「社会」とは、われわれが異なった進化の段階と考える状態を往復しながら、恒常的に己を再編しているものなのである。

人間は一度たりともエデンの園に住んでいたことはないと認知して、われわれが失うものはほとんど何もない。諸々の壁を打ち倒すことは、はるかに興味深いやり方で、この歴史をわれわれの思考の資源として視ることを可能にする。なぜならそれは、両方向に作用するからである。産業社会におけるわれわれが、いまだに血縁制（と宇宙論《コスモロジー》）を持っていることだけでなく、他の社会も社会運動と革命を起こしていることが、またあきらかになる。これが意味するのは、さまざまなことの中でも、ことに、ラディカルな理論家たちは、もはやお馴染みの二〇〇年間の革命史だけをくどくどと調べたてる必要はない、ということである。

一六―一七世紀の間、マダガスカルの西海岸地帯は、マルアンツェトラ王朝のもとで、そのいくつかの関係王国に分割統治されていた。それらの家臣たちは、集合的にサカラヴァと呼ばれていた。現在マダガスカル北西部には、暮らしにくい辺境の丘陵地帯に定着している「ツィミヘティ（Tsimihety）」と呼ばれる「民族集団《エスニック・グループ》」がある。この言葉は、文字どおりには「髪を切らない者たち」という意味である。サカラヴァの習慣においては、王が死んだ時、男性の家臣たちは哀悼の意を表す証として、髪を刈り込むことになっていた。この時「ツィミヘティ」は、これを拒否し、サカラヴァの独裁統治の権威を拒絶した者たちであった。そして今日に至るまでも、彼らは断固として平等主義的な社会秩序と実践形態を守っていることによって特徴づけられている。いわば彼らはマダガスカル北西部のアナーキストなのである。今日に至るまで、彼らは権威回避の達人としてその名を馳せてきた。たとえば、フランス統治下において、政府関係者が、ツィミへティ村近辺の道路を整備する労働者を斡旋するために、地元に委員を送り、一見協力的な村の長老とその条件について交渉し、一週間後に道具類を持って戻ってみた。すると村人全員が消えていた。みなそれぞれ各地の親戚を頼って移住してしまったのだった。

ここで私の関心を引くのは、今日では「民族形成性（ethnogenesis）」と呼ばれている原理についてである。ツィミヘティは、現在「民族（people/ethnic group）」としては、フク（*foko*）と呼ばれているが、彼らの同一性はそもそも「政治的な企画《プロジェクト》」として現れたものであった。サカラヴァの統治から自由に生きたいという欲望が、階層序列を司る標《しるし》から自由な社会に生きたいという欲望へと翻訳され、それが村の会合から喪の儀礼に至るまですべての社会制度に漲《みなぎ》っているのである。そしてこれが、共同体全体の生活様式へと制度化され、内部の結婚が盛んなこの共同体は、先祖を共有する「ある種」の人種と見られるようになったのである。みなが同じ言葉を話すマダガスカルでは、このような出来事の形成が見えやすい。だが私の考えでは、これは他所においても珍しいことではない。「人種形成性（ethnogenesis）」は、きわめて新しい視点だが、ますますあきらかになりつつあるのは、人類史のほとんどが、絶えざる社会的変遷に特徴づけられてきたということである。何千年もの間、それぞれのグループが時間を超越したかのように先祖の領土に定住してきた、ということなどなく、つねに新しいグループが形成され、古いグループが消滅してきた。われわれが「部族（tribes）」、「国民（nations）」、あるいは「民族（ethnic groups）」と考えてきた集合性の多くは、そもそも何らかの共同企画《プロジェクト》をもとにして形成されたものだったのだ。ツィミヘティの場合は、少なくとも私がここで発展させてきた意味では「革命的な企画《プロジェクト》」であった。つまり人びとは上からの政治的圧力を意識的に拒絶し、そのことで自らの日常生活における相互の関係性を再考し再組織することを促進してきた。ここまでの事例はそうざらにはない。あるものは平等主義的であり、他のものは一定の権威あるいは階層秩序を実現しようとする。それでもわれわれは、一様に「社会運動」とみなしているものの線上にある実践を対象にしているのだ。そこには大衆行動、集会、デモなどはなく、人びとが新しい価値を求め、社会、経済、政治的生活の新形式をつくり要求するための「媒介《メディア》」が異なっているだけである。そこでは人びとは、文字通りにも比喩においても、肉を刻む方法において、音楽や儀礼、食物や服装、そして死者の処理法をとおして「企画《プロジェクト》」を推進してきたのである。だが時がたつにつれ、ある時点で「企画《プロジェクト》」だったものが、「同一性《アイデンティティ》」となり、「自然」とみなされるようになった。それらは「自明の理」または「共有財産」へと骨化し凝固していく。

このことがどのように起こるか理解するために、ひとつの学問体系をつくりあげることさえできるだろう。それはマックス・ウェーバーが「カリスマの日常化*（routinization）」と呼んだ「戦略」、「転倒」、「エネルギーの方向転換」……等々、に満ちた過程と相同である。社会的領野とは本質的に、一定の価値形式を認知することをめぐる競技場であり、防衛されるべき境界となる。そこでは価値の表象や媒介《メディア》は、それら自体において神霊的な力（numinous powers）となる。そこでは「創造」はいつしか「記念」となっていく。解放運動の骨化した残存物が、国家の統制の中で、われわれが「ナショナリズム」と呼ぶものになってしまうこともある。それは国家機構の支援を表明する集会を動員することもあり、あるいはそれに反対する新しい社会運動の基盤になることもありうる。

ここで私にきわめて切実に見えるのは、この「石化（petrification）」が、社会的企画《プロジェクト》にのみ当てはまることではないということである。それは国家自体にも起こりうる。そしてこれこそ、社会的闘争の理論家たちがほとんど注目しない現象なのである。

フランスの植民地政府がマダガスカルに成立した時、それは人口を「部族（tribes）」

ごとに分割していった。メリナ、ベツィレウ、バラ、サカラヴァ、ヴェズ、ツィミヘティ……等々である。他のどこと比較しても、ここでは言語について明確な区別がほとんどなかったために、これらの分離が形成された原理を明瞭に認知することができる。そのあるものは「政治的」である。「サカラヴァ」は（西海岸地帯に少なくとも三つの王国を築いた）マルアンツェトラ王朝の著名な家臣であった。「ツィミヘティ」は、忠誠の義務を拒絶した者たちであった。「メリナ」と呼ばれる者たちは、アンドリアナンプイニメリナと呼ばれた王への忠誠によって結合された高原地帯の人びとであった。メリナがその直後に征服した南部の高原王国の家臣たちは「ベツィレウ」と呼ばれた。それらの名前のいくつかは、住む所あるいは職種からきている。たとえば「タナラ」は東海岸地帯の「森の人びと」である。西海岸地帯の「ミケア」は狩猟民で馬糧徴発隊員であり、「ヴェズ」は漁師である。だが通常ここにも「政治的な要素」がある。「ヴェズ」は、サカラヴァ系専制勢力と並んで生活していたが、ツィミヘティのように、彼らからの独立を確保することができた。それは伝説が語っているように、それらの王朝の代理が来訪すると聞く時はつねに、彼らが待ちくたびれて帰ってしまうまで、みなカヌーに乗っ

＊　マックス・ウェーバー『支配の諸類型』世良晃志郎訳、創文社、一九七〇年。

て海上で待機していたからである。つまり屈服してしまった漁村が、「ヴェズ」ではなく、「サカラヴァ」となった。

メリナとサカラヴァとベツィレウが、数的には他をはるかに圧している。だからマラガシ人とは、彼ら自身の現在の政治的忠誠によってではなく、一七七五―一八八〇年の間に存在した彼らの先祖の忠誠によって規定されていると言える。そこで興味深いのは、これらの王たちがいなくなった時点で、これらの同一性に何が起こったかということである。これに関してはメリナとベツィレウが二つの対立する可能性を代表している。

これらの古い王朝の多くは、制度化された「ゆすり機構（extortion system）」以上の何ものでもない。そこでは一般人が王室政治に参加する機会は、儀礼的労働をとおして以外ない。それぞれの氏族は、特殊な名誉職を割り当てられるという形で、王宮や霊廟の建設などに携わる。「メリナ王国」においては、このシステムがかなり悪用されていたために、フランスが到着した頃までには、完全に信用を失い、この王朝の支配は奴隷や強制労働と同一化されていた。その結果メリナは現在では、紙面上のみの存在となっている。その地方で人びとがこの名称で自分を引き合いに出すのは、おそらく学校の課題で作文を書く時くらいであろう。「サカラヴァ」はこれとまったく異なった逸話を提供している。西海岸地帯ではこれが、いまだに存続する同一性となっていて、マルアンツェトラ王朝に従う者を意味している。だが過去一五〇年ほどの間、サカラヴァの第一の忠誠の対象は、とうに死んでいる王朝の成員なのである。生きている王族の人びとはほとんど無視されているのに対して、古い王たちの霊廟は、いまだに人びとの幅広い共同作業として再建され飾られている。つまりこれらの作業が、もっぱらサカラヴァの徴《しるし》なのである。そして死んだ王たちは、通常平民の子孫で老女が任ずる魂の伝達者をとおして、いまだに彼らの意を知らしめている。

マダガスカルの他の多くの地方においても、誰も死ぬ前に十全な権威を持つことはない。するとおそらくサカラヴァの例はさほど異例ではない。そしてこれこそ権力の直接的な影響を回避するひとつの共通の方法を開示している。ヴェズやツィミヘティのように、そこから単純に逃れられない場合、人はそれをいわば「化石化」してしまうことができる。サカラヴァの場合、国家の骨化が、きわめて文字通りに起こっている。いまだに崇められている王たちは、文字通り歯や骨のような王朝的遺物の形をとる。だがこの方法は、われわれが通常思っているよりはるかに一般的に行われているだろう。

たとえば最近カエサ・フリードマンは、フレーザーが『金枝編』で書いている（大地に触れるな、太陽を見るな、など）数限りない儀礼と禁止に取り囲まれた天の王は、われわれが通常想定するように、古代の王制のことを示唆しているのではなく、むしろ近年のものだったのではないか、と指摘している。* 彼女は、その例として、コンゴの君主制を挙げている。それはポルトガルが一五世紀の終わりに最初に現れた時、当時のポルトガルやスペインの君主制ほど儀礼化されていなかった。宮中には一定の数の典礼があったが、それらは統治の邪魔になるほどではなかった。だが後に王国が内戦で崩壊し、ますます小さく断片化していった時、初めて、統治者が極度に神聖化されていった。手の込んだ儀礼が発明され拘束が倍増していった。そしてついに「王たち」は小さな建築に閉じ込められ、玉座を受け継ぐ折には実際に去勢されるまでになった。その結果、彼らはほとんど統治しなくなっていった。同時にバコンゴのほとんどは実際に自治形態に移行したが、それは奴隷売買に苦悶し、喧騒に満ちた体制となった。

右記の例は現代のわれわれの関心にそぐうだろうか？　私には大いに関連があると思われる。イタリアのオートノミアの思想家たちは、過去二、三〇年間「革命的集団移動《エクソダス》」と呼ばれる理論を発展させた。それは部分的にイタリアの特殊条件に示唆されていた。

若者たちによる工場労働の拒否、多くの都市におけるスクワットや「社会センター」の占拠……。これらのほとんどにおいて、イタリアは現在世界中で起こりつつある傾向を先取りするような未来の社会運動への実験室の役割を果たしていた。

「集団移動《エクソダス》」の理論は、資本主義と自由主義国家に対抗するもっとも有効な方途は、直接的な対決によってではなく、パオロ・ヴィルノが「戦闘的離脱（engaged withdrawal）」と呼ぶ戦略**、つまり新たな形式の共同体を創出しようと目指す者たちによる集団的離脱による、と主張している。ほんの少し歴史資料を見渡すだけで、もっとも成功した大衆的抵抗がこの形式をとっていたことがあきらかになる。権力との正面衝突は、ほとんどの場合、虐殺か、あるいは当初それに挑戦しようとした相手権力よりさらに醜い権力形態の形成に帰結してきた。だがそれに対して、それらは、権力の統制から逃れる戦略、逃走、離脱、そして新たなコミュニティの構築によっていた。オートノミアの歴史家ヤン・ムーリエ・ブータンは、この線をさらに進めて、資本主義の歴史とは、「労働者の

---

* Kajsa Ekholm-Friedman, Sad Stories of the Death of Kings : The Involution of Divine Kingship, *Ethnos* 3-4, 249–272, Routledge, 1985.

** Paolo Virno and Michael Hardt, *Radical thought in Italy : a potential politics* , University of Minnesota Press, 1996.

移動力」（という資本主義にとっての頭痛の種）に対処する試みの歴史であったと主張している*。そこから年季奉公、奴隷制、苦力制度、請負い労働、出稼ぎ労働、あらゆる形式の国境強化など、無数の手の込んだ制度が考案されていった。逆にこの機構が「自らの幻想型」に近づいて、労働者たちは好きな時と場所で就業し辞職することができるようになったなら、この機構の総体は崩壊するだろう。まさにこの理由によって、イタリアのオートノミアから北米のアナーキストたちまで、グローバリゼーション運動におけるラディカルなグループがこぞって一貫して掲げてきた要求は、世界全土の移動の自由、つまり「真のグローバリゼーション」、国境の破壊、壁の突き崩し、だったのだ。

　ここで私が推進してきた「概念的な壁の突き崩し」は、亡命の重要性を確認するだけでなく、どのような代案《オルタナティヴ》的な形式の革命的行動がありうるかについて、無限に豊かな概念化を開始しようという試みである。それは今後書かれねばならない歴史なのだが、その要素はすでに煌《きら》めいている。ピーター・ランボーン・ウィルソンの、ことに北米東部にかけて起こった「ホープウェル文化」や「ミシシッピ文化」の崩壊についての考察を含む、いくつものエッセー**は、そのもっとも見事な例を示している。これらの社会はあきらかに聖職支配者に統制され、排他的階級制度によって構造化され、人身供犠によって保持されていた。だがそれらはある時点で不思議に消滅し、より平等主義的な狩猟／採集民的あるいは園芸的（horticultural）な社会になり代わっていた。興味深いことにウィルソンは、有名なアメリカ先住民の自然との同一化は、ヨーロッパ人の価値への反応でなく、むしろ彼ら自身の社会内部の弁証法的可能性への反応として形成されたのではないか、つまり彼らはその内部の一方の要素からきわめて意識的に逃走したのではないか、と示唆している。この逸話はさらに続いていく。北米最初の植民地ヴァージニア州ジェームズタウンで、入植者主人に仕えていた召し使いたちが集団で脱走しインディアンになったこと、イギリスの背教者たちがイスラム教の海賊たちと結託し、イスパニオラからマダガスカルにかけて存在した先住民の共同体に参加した「海賊的ユートピア」のこと、ヨーロッパの植民地の周辺に存在した逃亡奴隷たちによって設立された無律法

* Yann Moulier Boutang, *De l'esclavage au salariat : économie historique du salariat bridé*, Presses universitaires de France, 1998.

** Peter Lamborn Wilson, *Escape from the Nineteenth century*, Autonomedia, 1998. および、Peter Lamborn Wilson, *Gone to Croatan : origins of North American dropout culture* / edited by Ron Sakolsky & James Koehnline. Autonomedia, 1993, または、Peter Lamborn Wilson, *Pirate utopias : moorish corsairs & European renegadoes*, Autonomedia, 2003.（『海賊ユートピア　背教者と難民の一七世紀マグリブ海洋世界』菰田真介訳、以文社、二〇一三年）参照。

主義者（Antinomians）のための隠された「三人種的（triracial）」共和国のこと、シェーカー教徒やフーリエ主義者たちの共同体以前にアメリカ大陸を満たしていた、ほとんど知られていない自由意志論者たち（libertarians）の包領のこと、そしてより有名な一九世紀の「インテンショナル・コミュニティ」について……。

これらの小ユートピアのほとんどは、マダガスカルにおけるヴェズやツィミヘティの位置よりさらに周縁的であった。それらはすべていずれ大きな勢力に飲み込まれていった。このことは、直接対決的政治によらないなら、一体どのように国家機構を中和化しうるのか？　という問題にわれわれを導いていく。ある種の国家や企業エリートは、間違いなく自らの重みによって崩壊していくだろう、そしてその中のいくつかはすでにそうなった。だがすべてがそうなるというシナリオは想定しえない。ここでサカラヴァとバコンゴが、有効な示唆性を孕《はら》んでいる。破壊しえないものも、それを転用し、凍結し、変形し、次第にその実体——国家の場合は、その恐怖を行使しうる能力——を空にすることができる。現代の状況において、これは何を意味するだろう？　すべてが明瞭なわけではない。だが現存する国家機構は、その実体が上下両方向から引きずり出されることによって——つまり上部における国際組織の発展と下部における地元的／地方的自治形態への移譲によって——次第に「窓飾り(window-dressing)」へと還元されるだろう。メディア・スペクタクルによる統治は、純粋かつ単純なスペクタクルへと移行するだろう(これは、西インド諸島出身でマルクスの娘婿のポール・ラファルグが『怠ける権利』*において言ったように、革命の後でも政治家たちは、エンターテイメント産業において有効な社会的役割を果たしうる、という意味においてである)。それは、われわれがまったく予想しえない形で起こるだろう。だがすでにそれが起こっている可能性があることは間違いない。新自由主義的国家がゲイティッド・コミュニティの回りにますます大量の武器を配置するなど、新しい封建制が立ち現れつつあるのと同時に、われわれが知らない蜂起の空間が開かれつつある。先の章で記述したメリナの農民たちは、革命家を目指す人びとが知らないことを知っている。赤旗や黒旗を掲げて宣戦布告することが、もっとも馬鹿馬鹿しい行動になってしまう時と場所がありうる。ある場合、より有効なのは、むしろ何も変わっていないかのごとく振舞うことなのである。たまには役所に現れて書類を提出し、公認の国家の代表者たちの威厳を保持し、それ以外の側面では無視すればいいのだ。

* ポール・ラファルグ『怠ける権利』田淵晋也訳、人文書院、一九七二年。

存在していない科学の諸教義

ここでアナーキスト人類学が探求しようとする理論的領域を二、三概観してみよう。

(1) 国家論

国家は独特の二重性をもっている。制度化された略奪あるいはゆすりの形式とユートピア的企画《プロジェクト》である。前者は異なった度合いの自律性を持つ共同体がそれぞれ国家を経験する仕方を反映している。だが後者はそれらが書かれた記録に現れる仕方である。

国家はある意味でまさに「想像の全体性（imaginary totality）」であり、国家論の多くが歴史的に含んできた混乱は、このことを認識しえないこと、あるいはしようとしないことからきている。国家とは、結局「理念（ideas）」なのである。それは人が社会秩序というものを、掌握しうるものとして、管理のモデルとして想像する仕方である。だから ペルシア由来だろうと中国だろうとギリシアであろうと、人類最初の社会理論は「治国論（statecraft）」として書かれたのである。このことが二つの悲惨な結末を招いた。まずそれはユートピア主義に悪名を付与した（当初「ユートピア」は、幾何学によって無欠に構成された理想都市として想起されたが、この像《イメージ》は、そもそも帝国軍の軍事基地に起因していた。それは一人の個人の意志の波及／全体統制の幻想的実現としての幾何学空間によって構成されていた）。そしてこれが恐るべき政治的結果を招いたことは、強調してしすぎることはない。第二に、われわれは国家と社会秩序を、あるいは社会自体を、大きく対応するものとみなす傾向がある。言い換えると、われわれはもっとも仰々しい、あるいは誇大妄想的な世界統治者たちの主張をまともに聞いてしまう傾向がある。つまり彼らが実現していると豪語する「宇宙論的企画（cosmological projects）」が、大雑把には、実際に大地で起こる出来事と合致していると考えてしまう。だが多くの場合、実現された領域は、統治者のまわりの二、三〇ヤード四方ほどにしか当てはまらず、ほとんどの住民たちは日常的に、支配者たちを急襲者としてしか経験していない。

まっとうな国家論は、したがってまず（軍事的規律の強化、他国民を羨ましがらせる優雅な生活を表象する能力、破局を寄せつけない神々の庇護を人心に提供する必要性……等々、といった）統治者の理想と統治機構を区別することから始めねばならない。その時そこにまともな対応関係があると想定すべきではない（あるとするならば、それは経験的に立証されるもののみでなければならない）。たとえば「西洋」の多くの神話は、絶対的権力と服従の理念をもとにしたペルシア帝国と、市民的自律と自由と平等の理念をもとにしたアテネやスパルタなどのギリシア都市国家の間の（ヘロドトスが書いた）歴史的衝突からきている。ことに詩人アイスキュロスや歴史家ヘロドトスらによって、活き活きと表象されたこれらの理念が重要でないという意味ではない。これらなくして西洋史を理解することは不可能であろう。だがそれらの重要性と活き活きした表現が、長らく歴史家たちを、ますますあきらかな現実となってきている真実に対して、盲目にしていたのである。それは、その理念が何を語っていようと、アケメネス朝ペルシア帝国のその臣民に対する日常的統制は軽微であったが、アテネ人の奴隷支配とスパルタ人の（農奴としていた）ラコニア住民への統制は甚だしいものであった、という事実である。つまりその理想／理念が何であれ、人びとの多くがかかわる現実はその逆だったのである。

進化論的人類学のもっとも目覚ましい発見のひとつは、王や貴族がいて、外観上君主制をしいていようと、機構上国家ではないことが十分ありうる、ということである。このことは「統治権（sovereignty）」の理論構築に幾瓶ものインクを零《こほ》してきた政治哲学者たちが関心を持つべきことであろう。というのもそれが示唆するのは、ほとんどの「統治者（sovereigns）」は国家の長ではなく、彼らのお好みの語り口は——王の権力は、実際にその宇宙論的な野心を、支配下の領民に対する単なる官僚的統治を通してどうにか実現してしまえるという——ほとんど不可能な理想のうえに成り立つものにすぎないという事実だからだ（このようなことが一六—一七世紀の西ヨーロッパで生起しはじめた。だが即刻その個人的な統治権力は「人民（people）」というフィクション上の人格にとって替わる。そしてそれが官僚機構による全面的な統制を可能にした）。しかし私の知る限り、政治哲学者たちはこの主題について何も語っていない。これはおそらく甚だしく貧しい用語法のせいである。進化論的人類学者たちは、強制的な官僚機構を十分発展させていない王国を、ソロモンや敬虔王ルイや黄帝よりも、むしろジェロニモやシッティング・ブルを想起させる「首長制（chiefdoms）」と呼んでいる。そして無論、進化論的枠組みそのものが、こうした構造体を、国家に対する代案《オルタナティヴ》的な形態、あるいは国家がそれに転化する可能性があるものですらなく、国家の出現に先んじるものであると保証してしまっている。このあたりの問題をすべて白日の下に晒《さら》す作業は、大きな歴史的企画《プロジェクト》となろう。

(2)「国家ではない政体」についての理論

国家というものを、ユートピア的想像と、逃避行、責任回避、略奪的支配階級、規制と管理の機構などが錯綜した現実の関係性として分析し直すこと——これがひとつの企画《プロジェクト》である。

これらすべては、もうひとつまた別の企画《プロジェクト》の必要性を照らし出す。それが問いかけるのは「もしわれわれが今まで、もっぱら、少なくともウェーバー的な意味において国家とみなしてきた政体の多くが、実際そうでないとすると、それらは一体何か?」である。それは「政治的可能性」にとって何を含意しているのか?

このような理論的作業が存在していないのは驚くべきことである。これは「国家主義」の枠組みの外で思考することが、われわれにとっていかに困難かということのもうひとつの証左であろう。それに関連しているのは、「反グローバリゼーション運動」の活動家たちが掲げるもっとも一貫した要求事項のひとつが「国境制限の削除」であった、という事実である。もしわれわれがグローバル化を真に求めるなら、これを真剣に求めようではないか。国境を取り払おう！　万人がそう欲するように行き来させ、住みたい所に住ませよう！　この要求は、しばしば「世界市民（global citizenship）」という思想をもって主張されてきた。しかしこれが即刻、反論を誘発した。「世界市民」の形成ということは、ある種の「世界国家」の形成を必要としているのではないか？　われわれは本当にそのようなものを欲しているのか？　そこで質問は「どのように国家外部の市民を理論化しうるか？」となる。そしてこれは、しばしば打ち克ちがたい難題《ディレンマ》と捉えられた。しかし歴史的に見ていくと、むしろなぜそう捉えられねばならないのか理解しがたい。近代西欧における「市民」そして「政治的自由」という観念は、通常二つの伝統からきていると見られている。古代アテネと中世イギリスである（ちなみに後者については、「大憲章［Magna Carta］」や「権利の請願［Petition of Right］」における帝王［Crown］に対する貴族たちの特権主張と、その他の人口への漸進的普及／拡大に由来すると考えられている）。だが実際、古代アテネにせよ中世イギリスにせよ、これらが国家であったかどうかについて歴史家たちの間に合意はない。それはことに第一に市民の権利が、そして第二に貴族の特権が、あまりにうまく確立されていたからである。アテネを（国家機構の独占的暴力に統制された）国家とみなすのは難しい。実存した最小の統治機構は、市民階級によって集合的に所有された奴隷によって構成されていた。アテネの警察力は、現在のロシアあるいはウクライナから連れて来られたスキタイ人の射手からなっていた。だが、彼らの法的立場は、アテネの法によると、奴隷の証言は拷問によって得られたものでなければ証拠として認可されなかった、という事実に明白だろう。

するとわれわれはこういった政体を何と呼ぶべきか？　「首長制（chiefdoms）」か？技術論的あるいは進化論的な意味で、われわれはジョン王を首長と呼ぶことはできるかもしれない。だがこれをペリクレスに当てはめるのは不合理である。またそれが国家でない以上、古代アテネを「都市国家」と呼ぶのもおかしい。つまりわれわれはこのような政体について語る知的道具を持っていないのである。それは最近現れた国家的な政体の類型学（typology）あるいはある国家の類型についても当てはまる。ヘンドリク・スプルートという歴史家が示唆しているように、*一六―一七世紀において「領地的国民国家」だけが主要なプレイヤーだったわけではない。たとえば実際に国家であったイタリアの都市国家やまったく異なった統治権の概念を示す商人連合の中心＝ハンザ同盟など、他の可能性がいくらもあったのだ。それらは他を凌駕することはなかったが、内的に存続不可能なものでもなかった。私はかつて、「領地的国民国家」が勝ち残った理由のひとつは、西洋の支配階級が、このグローバリゼーションの初期段階において、中国をモデルにしたからではなかったかと示唆した。[**] 当時、画一的な人口集団という彼らの理想に適う実在の国家は中国しかなかったのだ。世俗言語による学識を創出し、この俗語の学識で訓練され能力主義的に選ばれた官僚が司る画一的な法制度に従うこうした画一的な人口集団こそは、儒教の考えによれば統治権の源泉であった。昨今、国民国家の危機が進行し、同時に必ずしも国家ではないが国家と同じくらい不快な国際機関が急増している。それらは、多くの意味で国家と同じことを、しかし国家より不快でない方法でなそうとする国際機関を創出する試みと対立するような形で存在している。こうした状況においてこの理論の不在は、まさに危機的徴候となってきている。

* Hendrik Spruyt, *The Sovereign State and its Competitors: An Analysis of Systems Change*, Princeton University Press, 1994.

** "La démocratie des interstices", *Revue du MAUSS Semestrielle* No.26, (a special issue entitled " Alter-démocratie, alter-économie: chantiers de l'espéance"), Second Semestre 2005, p. 41-89.（デヴィッド・グレーバー『民主主義の非西洋起源について 「あいだ」の空間の民主主義』片岡大右訳、以文社、二〇二〇年）参照。

(3) またもや資本主義論

われわれはこれにうんざりしているが、資本主義というものを「商品流通」の問題に還元することで本質化し、挙げ句にそれをシュメール文明と同じくらい古いとみなしてしまう傾向が喧《かまびす》しい。少なくともわれわれは、賃労働とそれに類似した諸関係の歴史に関する理論を必要としている。というのも結局、ほとんどの人間がそのことで自分たちの活動時間を無駄にし、自分たちを惨めな存在にしているのは、「売り買い」ではなく、「賃労働」を演ずることだからだ（だからこそIWW［Industrial Workers of the World＝ウォブリーズ］は「反資本主義者」であるにもかかわらず、自らをそう呼ばず、いきなり核心に触れる「反賃労働制」を強調したのである）。記録に残っている最初期の賃労働契約は、奴隷の貸し出しだったようだ。ここから出発する資本主義のモデルは何だろうか？ ジョナサン・フリードマンのような人類学者は「古代の奴隷は単に資本主義の古い姿であった」と主張しているが*、それに対してわれわれが、はるかに難なく主張できるのは「近代的資本主義は単に古い奴隷制の新しい姿である」ということである。つまり今日では、他人がわれわれを売ったり貸したりする代わりに、われわれが自分自身を貸し出しているのだ。だがそれは根本的に同じ配置関係である。

(4)「権力無知」か「権力馬鹿」か

学者の多くは、知と権力を同定し、かつ「力づく」はもはや社会統制の主な要因ではないとする、ミシェル・フーコーの議論を愛している。それらが彼らの気をよくさせるからである。実際にやっていることは、二、三十人の同族しか読まないような論文を書いていることのみであるにもかかわらず、自分たちを政治的ラディカルと思いたい人びとにとって、それは完璧な処方だからである。だがもし彼らがフーコーの本を参照するために、身分証明書を携帯せずに大学の図書館に押し入り、書庫へ侵入しようとするなら、「力づく」は彼らがそう認知したがるより身近に現れるだろう。即刻、人を棍棒で打つことを訓練された男たちが現れ、彼らを駆逐するだろう。

われわれの世界には、何時でもどこでも、この棍棒を持った男たちが遍在している。

---

* Jonathan Friedman, "Concretizing the continuity argument in global systems analysis" In *World System History: the social science of long-term change* (Robert A. Denemark, Jonathan Friedman, Barry K. Gills, George Modelski, editors), Routledge, pp.133-152, 2000.

われわれのほとんどは、彼らの存在を考えずに生きるためだけに、数限りない境界線や柵《しがらみ》を越えることなど、考えることとさえあきらめている。毎日どの大都市でも見かけられるように、ひもじさで倒れそうな女性が、食べ物の山から数メートル離れて立っている。だが、われわれにはそれを取って彼女にあげることができない。なぜなら棍棒を持った男たちが現れ、われわれを打つからである。アナーキストたちは、このことをわれわれに思い起こさせることをよしとする。たとえばデンマークのスクワッター共同体「クリスティーナ」では、クリスマス期に定例の儀礼行動がある。彼／彼女らはサンタクロースの装束で現れ、デパートから玩具を盗って路上の子供たちに分配するのである。警官がサンタの小父さんを棍棒で打ち、泣き叫ぶ子供たちから玩具をひったくる情景を万人に味わってもらうためである。

理論的にこれを強調すること、それは権力関係論を「知」との関係においてではなく、「無知と馬鹿さ」との関係において思考することである。なぜなら暴力、それもことに力が片方にしか存在しない構造的暴力は「無知」を生産するからである。もしわれわれが、したい時にいつでも人びとの頭を殴る権力を持つなら、われわれはもはや、彼らがそこで起こることをどう考えるか、知ろうとする必要はないし、またそうしなくなるだろう。だから社会を単純化する方法は、人間生活が実際に孕《はら》んでいる視点、情熱、洞察力、欲望、相互理解などの間のとてつもなく複雑な駆け引きを無視し、ある規則を制定しそれを破る誰をも攻撃すると脅すことである。だから常に暴力こそが、馬鹿者たちの頼みの綱だったのである。それこそ知的反応が不可能な「馬鹿の形式」なのである。そして国家の基礎とはまさにそれである。

大衆的に信じられているように、官僚機構が馬鹿を創造するのではない。官僚機構とはむしろ（力の両義性に対応しえないことからくる）すでに本性的に馬鹿な状況を管理する方法なのである。

この議論は最終的に、力と想像力の理論に向かわざるをえない。一体なぜ、下層の人びと（あるいは構造的暴力の犠牲者たち）は、つねに上層の人びと（構造的暴力の受益者）がどのように存在しているか想像しうるが、上層の人びとは下層であることがどのようなことか、考えてみようとしないのか？　人間というものは、本性的に同情心を持つ存在である。だが、この不均衡があるために、あらゆる不平等な機構が防御されている。虐げられた人びとは、彼らを抑圧する者たちを、彼らが自分たちのことを気にかける以上に気にかけている。だがこのこと自体が構造的暴力の効果でもある。

(5) 自主的連合のエコロジー

右にはどのような種類がありうるのか？　これらはどのような環境において栄えるのか？　だがそれにしても「法人（corporation）」という妙な観念は、どこから来たのか？

(6) 政治的幸福の理論

なぜほとんどの現代人はこれを経験したことがないのか？　それについての理論をうちたてるのは難しいことではない。だがこの実践は……。

(7) 階層序列

なぜ、階層序列は、それ自身の論理の内部に、対抗的イメージあるいは否定を創造するのか？　ともかく、それは確かなのだ。

(8) 苦痛と快楽：欲望の私有化について

アナーキスト、オートノミスト、シチュアシオニスト、そしてその他の新しいタイプの革命家たちの間では、世界を苦痛の名においてしか見ようとしない古いタイプの冷酷、非情、自己犠牲的革命家たちは、結局、さらなる苦痛を生産するだけであるということが、通念となってきている。確かにそれは過去起こりがちな傾向だった。だからこそ、今日強調されるのは、快楽や祝祭やそこではすでにわれわれが自由であるかのように生きることができる「一時的自律圏（temporary autonomous zone＝TAZ）」を創造する方向である。しばしば気違いじみた音楽や巨大な張りぼて人形が現れる「祝祭的抵抗」は、「資本主義的精神」に満ちたピューリタン開拓者たちが、あくまでも嫌悪し破壊するまでに至った中世後期の枝編み細工の巨人や竜、またはメイポールやモリスダンスへの意識的な回帰なのである。資本主義の歴史は、集合的／祝祭的消費への攻撃から、きわめて個人的、私有的、あるいはこそ泥的な形式の伝播へと移行してきたが、それはまさに「欲望の私的所有化」の過程であった（結局あれだけの数の人間が、パーティに集う代わりに、彼らのすべての時間を生産に捧げるようになったために、それらをどのように売るか考案せねばならなくなったのだ）。ここで理論的疑問が起こる。どうしたらこれらのことを、スラヴォイ・ジジェクのような人たちの――人種的憎しみを駆り立てるもっとも簡単な方法は、他のグループが快楽を追求する上で採用する方法の奇怪さ、邪悪さを強調することだという——不穏な理論的洞察と調停させたらいいか？ それに対して、もしわれわれが共通性を強調したいならば、もっとも簡単な方法は、他者もまた痛みを感じていることを指摘することである。

(9) ひとつのあるいはいくつかの疎外論

われわれの最終的な標的は「非疎外的な経験が可能になる次元とは何か？」、「その属性／様態（modalities）は、どのように思考され要覧されうるか？」ということである。アナーキスト人類学と呼ぶにふさわしい学は、ことにこの問題に関心を払わねばならない。なぜならこれこそが、すべてのパンク、ヒッピー、あらゆる種類の活動家たちが人類学から学びうることだからだ。人類学者たちは、研究対象としての社会をロマンティックに見ていると非難されることを恐れている。それを恐れるあまり、まさにこの疑問に対する返答可能性を示唆することさえ拒絶し、それを正真正銘のロマン主義者たちの手にゆだねてしまう。ジョン・ゼルザンのような原始主義者（primitivist）は、われわれを仲介なき純粋経験から切り離しているとみなされるものを除去しようと試みて、ほとんどあらゆるものを抹消してしまう。ますます影響力を持ちつつあるゼルザンの仕事は、言語、数学、時間分節、音楽に加えて、あらゆる芸術／表象形式を拒絶する。それらすべてを疎外の形態として非難した挙げ句、残されるものは、存在しえない類の進化論的理想なのだ。真に疎外されていない人間とは、もはや人間でさえない。一〇万年前に生息していたかもしれない、ある種の完璧な猿である。彼らは仲間とも自然とも、今日では想像しえないテレパシーのような方法で繋がっていたとされる。真の革命とは何らかの方法でそのような存在に回帰する以外ない。だが面白いのは、一体どうして、このような事象を愛好する者たちが、あれほど見事な政治行動を慣行しうるのか？　ということである。これ自体、魅力的な社会学的設問である（私個人、彼らの多くが素晴らしい行動を展開しているのを実際に見て知っている）。だがともかく「疎外」については、異なった分析が必要である。

ある種のミクロ・ユートピアの社会学、さまざまな疎外の形式に平行した対等性の類型学、疎外された／疎外されていない行動の形式……等々、についての考察からはじめよう。われわれは、あらゆる行動の形式を、より大きく全体的な不平等な権力の形式を再生産する上でのそれらの機能のみによって視ることにこだわっている。だが、それをやめたときはじめて、われわれは、われわれの周りの至る所に、アナーキスト的社会関係や非疎外的行動形式が遍在していることが見えてくるだろう。このことが重要なのは、これこそアナーキズムというものが、すでに／つねに、人間の相互関係の主要な土台であったことを示すからである。われわれはつねに「自己‐組織化」し、「相互扶助」に参与している。われわれはつねにこれをやってきている。われわれはまた芸術的創造に参与してきた。もし細かく検証しさえすれば、これは、もっとも疎外されていない経験の形式の多くが、マルクス主義者が「フェティッシュ化」と呼ぶものの要素をつねに孕《はら》んでいることをあきらかにするだろう。私がしばしば議論してきたように、革命勢力とはつねにもっとも疎外されていない者たちともっとも抑圧されている者たちとの暗黙の同盟を含んでいる。われわれがこのことを認知するならば、こうした理論を発展させることはますます緊急の任となっていくだろう。

いくつかのまとまった考え方

設問　電球を替えるのに、いったい何人の票が必要だろう?
答え　一つもいらない。票は何も変えることができない。

唯一のアナーキスト的事業《プログラム》などというものはないし、またあり得るとも思えない。だが最後に読者に、その昨今の思想と組織化の方向性に関していくつかのまとまった考え方を提供したい。

1　グローバリゼーションと南北不平等性の削除

すでに述べたように「反グローバリゼーション運動」は、その着想において、ますますアナーキスト的傾向に向かっている。長い視点から見ると、グローバリゼーションに関するアナーキストの立場は明白である。「国民国家の抹消は国境の抹消を意味する。これこそが真のグローバリゼーションである」。そしてそれ以外はどれもごまかしである。だが暫定措置として、現時点で国家主義的／保護貿易的方向へ堕すことなく、状況を向上させるためにさまざまな提案がなされている。

かつてニューヨークにおける世界経済フォーラム（ＷＥＦ）を控えた抵抗運動の間、ワルドーフ・アストリア・ホテルにおいて、世界企業の巨頭と広報担当者たちが、政治家たちとカクテルを飲みながら情報交換する宴《うたげ》に集い、表向きは世界中の貧困を解消する方法を議論していた。その時（結局その任務は他の活動家が務めることになったが）私はあるラジオ討論会のために、この貧困解消について、三つの提案からなるプログラムを構想した。以下がそれである。

- 国際的な負債を即刻解消すること（個人的負債の赦免も悪い考えではないが、それは別問題である）。
- テクノロジーに関して一年を超えたすべての特許とその他の知的財産権を即刻解消すること。
- 世界を旅し居住する自由への制限をすべて削除すること。

その他はおのずと解決されていくだろう。タンザニアやラゴスの平均的住民が、もはやミネアポリスやロッテルダムに移住することを禁止されなくなった瞬間、世界中の富強国の政府は、タンザニアやラゴスの人びとが自国に留《とど》まることを好むようにする方法を考えることこそ最重要だと決定するだろう。読者諸君は、彼らが本当に、そのような方法を考案しえないとお考えだろうか？

金持ちや彼らへのおべっか使いは、自分たちの利益のために多額の資金を導入した長期計画を正当化するために「複雑で、微妙で、手に負えない諸問題」という修辞法《レトリック》を無数に発明してきている。その反面アナーキストの計画なら、そのほとんどを五―六年で解決してしまうだろうというのが、この議論の骨子である。だがあなたは言う。アナーキストたちが要請する事項はまったく非現実的ではないか！　それは本当だ。だがなぜそれらは現実的でないのか？　それはひたすら、ワルドーフ・アストリア・ホテルに集合する金持ちたちが、その問題のどれに対してもまともに対決したくないからである。だからこそわれわれは、彼らの存在自体が問題だと主張しているのである。

2　仕事に対する闘争

仕事に対する闘争は、つねにアナーキストの組織化にとって中心的であった。それはよりよい労働条件と賃金を求める闘いではなく、「支配関係としての仕事」を完全になくすための闘いである。そこから先にも触れたＩＷＷ（ウォブリーズ）のスローガン「賃金制度反対！」が現れたのである。これはもちろん、長期の目標である。短期の要求事項としては、削除しえないものも削減することはできる、ということだ。二〇世紀初頭、ウォブリーズやその他のアナーキストたちは、労働者たちが「週五日／一日八時間制」を勝ち取る上で、中心的な役割を果たした。

西ヨーロッパの社会民主主義的政府は、現在、ほぼ一世紀の後に初めて、再び労働時間を削減しはじめている。それは（一週四〇時間から三五時間へという）実にわずかな削減量である。だがアメリカ合衆国に至っては、それさえ議論されていない。その代わりに人が議論しているのは「超過勤務への五割り増し支給（time-and-a-half）」の削除なのである。アメリカ人はいまや、日本を含む、世界中のどこの国の人間よりも長時間労働しているにもかかわらず、である。だからウォブリーズが、もともと一九二〇年代に推進しようとした（週四日×一日四時間＝一六時間という）次の段階の削減要求を携えて再び現れた。またもやこれは表面上、非現実的（あるいは気違い沙汰）に見えるだろう。だがこの実現可能性を実際に研究した人がいるだろうか？　アメリカにおいて費やされる労働時間のほとんどが、実質的にはアメリカ人の働き過ぎによって起こされている問題を補正するための必要性であることは、繰り返し証明されている。夜間のピザ配達人、犬の洗濯師、夜間仕事で忙しいビジネスウーマンの子供たちの子守をする女性たちの子供たちのために夜間保育所を運営する女性たち。また言うまでもなく、働き過ぎや怪我や自殺未遂や離婚や暴力沙汰による精神的／身体的傷を癒すために、また子供たちを宥《なだ》めるための薬品を作るために、専門家たちよって費やされる終わりなき時間……。

だがいったいどの仕事が真に必要な職種なのか?

第一に、その消失が人類にとって有益であると、誰もが賛成する仕事が数多くある。電話セールス、ストレッチSUVの製造業者、また会社の利益を守る弁護士たち、さらに広告/宣伝業のすべてを削除し、すべての政治家たちとそのスタッフを免職し、HMO(Health Maintenance Organization)に多かれ少なかれ関与している人員を駆逐したとしても、社会的機能の中枢に支障はない。また広告の削減は、不要な生産品の生産/運送/販売の縮小に繋がるだろう。人びとが実際に必要とし欲している物品については、彼らはあくまでも手に入れる方途を考案する。甚だしい不平等性の削除によって、軍隊は言うに及ばず、ドアマンや民間警備隊(private security forces)や刑務所監視員として雇用されている無数の勤務はもはや必要でなくなる。それ以上のことについては、さらなる研鑽が必要である。金融業者、保険業者、投資銀行家などはすべて本質的に寄生的存在である。だがこれらの領域の中にも、単純にソフトウェアが代行することができない有効な機能があるかもしれない。結局われわれにとって快適で、地球環境的に維持可能な生活基準を保持するためになされねばならない仕事を同定し、それに則《のっと》って時間を再配分するならば、ウォブリーズの綱領はまったく現実的であったことが明白になるかもしれない。ことにここで考慮に入れねばならないのは、誰もそうしたくなければ、四時間だけで仕事をやめなくてもかまわない、ということである。多くの人びとが自分の仕事を楽しんでいる。確かに一日中何もせずにぶらぶらしているよりましである（だからこそ刑務所においては、囚人を懲らしめるために、仕事をする権利を剥奪するのだ）。また上から下に向けてなされる組織化に不可避的に随伴する、終わりなき侮辱とサドマゾ的なゲームを削除することができるなら、そこからさらに多くのことが可能になるだろう。誰も自分が欲する以上に働く必要がない、ということさえ可能かもしれない。

補足的ノート

もちろんこれらすべては、仕事の完全な再組織化、つまりある種の「革命後」の筋書きである。だがそれは（私がすでに主張したように、革命が黙示録的な転回をなすことはほとんどないとはいえ）人間の可能性を思考しはじめる上で必要な道具なのである。これは無論、常にアナーキストたちとその他のユートピア主義者たちに投げつけられる「誰が損な役を担うのか」という疑問を呼び込むだろう。その昔ピョートル・

クロポトキンが、この設問の虚偽をあきらかにした。特に損な役が存在せねばならない理由はない。皆がいやがる役割を平等に分配するということは、世界中のトップレベルの科学者たちや技術者たちもまたそれをせねばならない、ということである。すると即刻、自己清掃する台所や採炭ロボットなどの発明がなされるだろう。

だがこれはあくまでも傍系的な事柄である。というのもこの最後のセクションで私が集中したいのは、まさに以下のことである。

3　民主主義

この主題こそ、アナーキストあるいはアナーキストに影響された組織化とは何か、読者諸君に垣間見せる機会を与えるだろう。それは古い社会の殻の中で今まさに形成されつつある新しい世界の外観である。そしてこれはまた、私がここで発展させようとしてきた「史的＝民族学的視座（historical-ethnographic perspective）」が、われわれのまだ非在の科学が、何を供給することができるかを示すだろう。

いまだにマスコミが的はずれに「反グローバリゼーション運動」と言及することをあきらめない、新しい全世界的《グローバル》蜂起の第一波は、チアパスの自律政権自治区から起こり、ブエノス‐アイレスやアルゼンチン全土の都市の「地域連合（asambleas barriales）」で頂点に達した。この経緯をこの場で語ることはとうてい不可能だが、概略はおおよそ以下のようである。サパティスタの権力奪取という思想の拒絶と、それに代わる民主主義的自己組織化のモデルを創造することでメキシコ全土を刺激していこうとする試みから、これは始まった。彼らはさらに国際的な網状組織（People's Global Action＝ＰＧＡ）の出発を膳立て、それがシアトルにおける反ＷＴＯ、ワシントンやプラハ等々における反ＩＭＦなどの、大行動を鼓舞していった。そして最終的にアルゼンチン経済の崩壊と強力な大衆的蜂起が、再びひとつの政治家のグループを別のグループに挿げ替えることで解決を図ろうとする思想そのものの拒絶を体現した。アルゼンチンの運動のスローガンは、はじめから「彼らをみな罷免せよ（que se vayan todas）！」であった。彼らが新しい政府の代わりに創造したのは、都市近隣を統治する大衆集会をはじめとする、労働者が占拠し管理する幾百もの工場、複雑な物々交換《バーター》システムとそれを運営し続けるための新式貨幣など、代案的《オルタナティヴ》な制度の広大な網状組織《ネットワーク》であった。簡単に言って、それらは「直接民主主義」というテーマの無限のヴァリエーションだったのだ。

これらすべては、これら偉大な運動の主眼を理解しない大企業メディアのレーダーが感知しえない所で生起していた。これらの行動の組織化は、真に民主主義的な世界がどのようなものか、生きる図解たるべく意図されていた。祝祭的な操り人形《パペット》から慎重に組織された「類縁グループ（affinity groups）」と「スポーク評議会（spokescouncils）」の関係性まで、すべては指導構造を持たず、つねに合意本意の直接民主主義の原理にもとづいていた。それは、聞いただけではほとんどの人たちが夢想と片づけてしまうような素晴らしい組織化であった。だがそれが実際に機能していたのである。それはあまりに効果的に機能したため、ここそこの都市の警察署は、どのように対処すべきか面食らっていた。それは前代未聞の戦術にもよっていた。何百人もの活動家たちが、妖精の恰好をして現れ、毛のはたきで警官隊をくすぐった。空気チューブとクッションがつまったミシュランマンのような恰好でバリケードの上をころがる者たちは、誰のことを損傷する意図もなかったが、同時に警官たちの警棒を受けつけない効果もあった。つまりこの戦術は、伝統的な暴力／非暴力の区分を完全に混乱させてしまうものであった。

シアトルにおける抵抗者たちが口をそろえて「これこそ民主主義の姿だ（this is what democracy looks like）！」と唱った時、彼らはそれが文字通りに理解されることを想定していた。直接行動の最良の伝統を継承するという意味で、彼らはある権力の形態と直接対決し、その機構を露呈しその進行を阻止するだけでなく、それが基礎を措く社会関係がなぜ不必要なものなのかを証明する形でそれを行った。だからこれを見下し、首尾一貫したイデオロギーがないガキ共に領導された運動だと呼ぶのは、まったく的外れである。この多様性は非中心的組織化の機能であり、こうした組織形態こそが、この運動のイデオロギーなのである。

この新しい運動の要《かなめ》とされている用語は「過程」だが、それが意味しているのは「意志決定過程（decision-making process）」である。北米の運動において、意志決定はほとんど例外なく、意見の一致（consensus）を見いだす何らかの過程をとおして形成されてきた。すでに言ったように、これはそう聞こえるほど、イデオロギー的に重圧的なものではない。すべての良い合意形成過程の裏にある前提は、誰も他者を自分の総合的視点に改宗させようとすべきでない、ということである。「合意形成過程」が目指すものは、ひとつのグループを同じ行動の道筋へと誘うことである。さまざまな提案を投票で拾ったり落としたりする代わりに、あくまでもみなが満足できる企画《プロジェクト》が現れるまで、提案自体が構成され再構成され、廃棄され再考案される。この過程の最終段階、つまり「合意を見いだす段階」においては、二つのレベルの異議申し立てが可能である。人は「脇に退くこと（stand aside）」、つまり「好きでないので参加しないが、皆がそうすることを止めない」ことがありうる。あるいは「妨害すること（block）」、つまり拒否権の発動（veto）も可能である。人がこの姿勢を採るのは、その提案がグループを構成する基本原理あるいは道理の侵害であると、強く感じる場合である。合衆国憲法においては、立法上の決定が憲法の基本原理を侵害する場合に、それを却下する機能は法廷に委託されているが、ここではそれが集団的な意志に立ち向かう勇気がある者すべてに委託されている（だが無論「原理なき妨害」に挑戦する方途も存在している）。

あらゆる可能な事態がうまく調整されるように開発された、驚くほど手が込み洗練された方法があり、それらについていくらでも斟酌していける。大きな集団において合意を獲得するために必要な、合意自体の変容の諸形式があり、それが絶対に必要である場合以外、大きなグループに向けて提案を行わない、という非中心化の原理についての合意がある、またジェンダー的平等を確保する方途や対立を解消する方途……等々。この主眼点は、これこそが「直接民主主義の形式」なのだが、これは通常われわれがこの言葉から連想するものとは大変異なっている、ということだ。あるいはよりはっきり言って、ヨーロッパや北米の古い世代のアナーキストたちのそれとも、あるいは今でもアルゼンチンの都市地域的集会（asambleas）において採用されているそれとも異なっている。北米において「合意形成過程」は、何よりも、六〇年代新左翼の自己誇示的で陰険な男性中心《マッチョ》的指導体制に対する幅広い反発とともに勃興したフェミニスト運動において現れた。ただしその手順の多くは、そもそもクエーカー教徒、そしてクエーカーに影響を受けた集団によって採用されていたものだった。そしてクエーカー自身は、それらはアメリカ先住民の実践から学んだものだと言っている。このことが歴史的に言って、どれだけ正確な事実か判断しがたい。ただしアメリカ先住民の集団的意向決定が、ある種の合意形成形式によってなされていたことは確かである。そして実際、メキシコ、チアパス州のツェルタル（Tzeltal）、ツォツィル（Tzotzil）、トホロバル（Tojolobal）語族からマラガシ人のフクヌルナ（*fokon'olona*）まで、世界中のほとんどの人口における大衆的集会がそれを実践していた。マダガスカルに二年住んだ後、私がニューヨークで初めてＤＡＮ（Direct Action Network）の会合に出席した時、それがすでに馴染み深いものだったことに驚いた。その主な違いはＤＡＮの過程が、はるかにより形式化され系統的なものだったことである。ＤＡＮの面々は、あくまでもこの方法を試みていた段階にあったために、すべてをはっきり表現せねばならなかったからである。その点マダガスカルでは、みな言葉を学んだ時からそれを実践してきていた。

実際、人類学者たちが十分意識してきたように、あらゆる人間の共同体は集団的な決定をなさねばならず、そのために私が「合意形成過程」と呼んでいる実践のさまざまな形式を採用してきた。「あらゆる人間」というのは、古代ギリシアの伝統を何らかの形で引き継いだ人間のみという限定の否定である。たとえば（イギリス議会における形式ばったロバート議事法規則のような）「多数決制民主主義」は、コミュニティの内側から出現したものではない。だが人類学者たちを含む、ほとんど誰も、このことを問うてこなかったのは不思議なことである。

ひとつの仮定

多数決制民主主義は、その起源において、本質的に軍事制度であった。

だから、これのみが「民主主義」と呼びうる制度であるという視点は、西洋史学的な偏見でしかない。われわれは通常、民主主義は古代アテネに端を発すると教えられている。それは科学や哲学と同じようにギリシア人の発明である、と。だが、このことが何を意味しているのか常に不明瞭である。アテネ以前には、コミュニティの成員みなが同等の発言権を持って、物事を決定するために集合することを、どこの誰も思いつかなかった——それを信じろということか？　それはまったく馬鹿げている。歴史上に、いくつもの平等主義的社会が存在したことは明白である。アテネよりもはるかに平等主義的なものがあり、それらの多くは紀元前五〇〇年以前に存在していた。それらは集団にとって重大な決定をなすための何らかの手法を持っていたに違いない。だがどういう訳か、いつも、それらの手法は言葉の正当な意味において「民主主義的」ではなかった、と信じられている。

その他の事象について、非の打ちどころのないほどラディカルであることを賞賛されている学者たち、直接民主主義の奨励者たちさえも、この姿勢を正当化するために随分無理をしている。たとえばマレイ・ブクチンは、非西洋の平等主義的コミュニティが「血縁関係を土台にしたもの（kin-based）」であると主張している*（ではギリシアはそうでなかったのか？　アテネの政治大会（agora）自体は「血縁関係を土台にした」集会ではなかったが、それと同じ意味で、マラガシのフクヌルナもバリのスカ（*seka*）もそうではない。それが一体どうしたというのだ！）。コルネリュウス・カストリアディスは言っている。だがこれは語の悪用である。「イロコイ族やベルベル人が民主主義的であると人は言う。だがこれは語の悪用である。これらは、アテネのように人びと自身が自らの手で社会秩序を構成したと考えるのでなく、神や精霊から与えられたと信じる原始社会である」*（本当にそんなふうに割り切れるものか？　「イロコイ同盟」は実際、歴史的時間とともに醸成された合意性による協定組織であり、それは再折衝によってつねに矯正されている）。このような議論はまったく意味をなしていない。だがそもそも意味をなす必要はない。ここでなされているのは議論でなく単なる却下でしかない。

学者たちが、スラウェジ（Sulawazi）あるいはタレンシ（Tallensi）村の評議会を「民主主義的」と見ることに抵抗がある真の理由は——単純な人種差別、つまり西洋人たちがさして罪を問われることもなく虐殺した相手が、ペリクレスと同じ次元の存在だと認知することへの抵抗の他に——彼らが「票決しない」ということである。確かにこれは興味深い事実である。なぜ「票決しない」のか？　手を挙げること、あるいはある提案を支持する者たちは広場のひとつの側に立ち、反対する者たちは反対側に立つことが、さほど洗練された考え方ではなく、古代の「天才たち」が考案するまで、誰にも考えつかなかったわけでないなら、なぜこの方法はあまり採用されていないのか？　われわれはここでも再び、明瞭な拒絶に出会っているのだ。世界中で、オーストラリアからシベリアまで、繰り返し繰り返し、平等主義的な共同体は、むしろ「合意形成過程」のいくつかの変形を好んできた。なぜだろう？

私の説明は以下のとおりである。皆が平等に向かい合うような共同体においては、ほとんどの成員が何をしたいか理解することのほうが、それに同意しない人びとを説得する方法を考えるよりもはるかに簡単だからである。「意志合意決定」は、大多数が少数をその決定に従属させることがない社会に特殊なものなのである。それがない理由は、強制的力を独占する国家が存在しないか、国家が地域の意志決定にかかわっ

* 〔前々頁〕 "What is Social Ecology?" (http://www.communalism.org/Archive/4/wise.print.html) "Listen, Marxists!" (http://dwardmac.pitzer.edu/anarchist_archives/bookchin/listenm.html)
* Cornelius Castoriadis, *Philosophy, politics, autonomy* , edited by David Ames Curtis, Oxford University Press, 1991.

ていないか、である。大多数が決定したことを過ちと考える人びとを、それに無理に従わせることがないならば、（結局は誰かが敗者とみなされる公共的競技としての）票決の必要はないのだ。票決とは最終的に、屈辱、怨恨、憎しみを生み、共同体の内的崩壊を確実にする方法である。合意を獲得するための手が込んだ困難な過程と見えるものは、実際には、誰も自分たちの考え方が無視されたと感じて出ていってしまうことがないように配慮する、長期の過程なのである。

多数決民主主義は、次の二つの要因が合体した時に現れる。

1　集団の決定において、誰もがみな同等の発言権を持つべきであるという感情、そしてそれに加えて、

2　それらの決定を強制する力を持つ機構

人類史のほとんどをとおして、これらの二要因が同時に存在したことは稀であった。平等主義社会においては、通常、系統的に強制力を行使することは過ちと考えられている。強制力の機構においては、それを行使する者は、通常、何らかの人民的意志を

強制しているとは考えない。

ここで古代ギリシアがもっとも競争好きな社会のひとつであったことは、あきらかに意味がある。体操競技から哲学から悲劇に至るまで、ほとんど何でも公共的な競技にして、一人残らずそれに参加させようとする社会だった。だから政治的な意志決定さえも公共的競技にしてしまったのは、さほど驚くべきことではない。だがここでより重要なことは、これらの決定が武装した大衆によってなされていたということである。この点でアリストテレスが『政治学』で指摘していることは興味深い。ギリシアの都市国家の諸制度は、その軍隊の主要な武器によっている。馬は高額だから、騎兵ならば「貴族制」である。万民が鎧を買い、その技術を学ぶことはできないので、装甲歩兵を持つのは「少数独裁」である。それに対して、誰でも船を漕ぎ、投石器を使うことはできるので、海軍か軽装歩兵が中心の場合「民主制」が多い。言い換えると、要は、武装した人間の意見は無視できない、ということである。クセノフォンの『アナバシス』において、これがはっきり見て取れる。ギリシアの傭兵の一隊が、指導者を失い、ペルシアのど真ん中で退路を失う。彼らは改めて将校団を選抜し、次に何をすべきか決定するために票決する。このような場合、票数が六〇対四〇だったとしても、誰もがみな、力の拮抗状態とそれらが衝突するとどうなるか了解している。それぞれの票は極めて現実的な征服なのである。

ローマ帝国軍団は、まさにこのような意味で民主主義的であった。だからこそ彼らはローマ市に入城することを禁じられていたのである。そしてマキャヴェッリが「近代」の曙において、民主主義的共和国の観念を復興させた時、彼は即座に武装した人民の思想に逆戻りしたのである。

このことが「民主主義（democracy）」という語彙をうまく説明している。それはあくまでも特権《エリート》主義的な（民主主義への）反対者からの「中傷」として造語されたのだ。それは人民の「力」あるいは「暴力」を意味している。つまりこれが意味するのは、民衆（demos）の「kratos（force＝力）」であって「archos（rule＝統治）」ではない。それを造語した特権《エリート》主義者たちは、民主主義を単純な暴動あるいは暴徒の支配とさほど遠くない意味で使っていた。ただし彼らの解決方法とは、少数者による人民の恒久的な征服であった。皮肉なことに、彼らがこの意味で民主主義を押さえつけることに成功した時、その結果、一般大衆が彼らの意志を知らしめる方途は、まさに暴動をとおしてのみとなった。ローマ帝国において、そして一八世紀イギリスにおいては、それはむしろ制度化された実践となっていた。

だがそれは（たとえばヨーロッパ中世の諸都市あるいはニューイングランドの町内集会で実践されていた）「直接民主主義」が通常、秩序立っており厳かに手続きが進められていたことを否定するわけではない。ここでも、おそらく現実の実践においては、「意志合意」を求める上で一定の基準線があったのだろう。それでもなお『フェデラリスト・ペーパーズ』の作者たち*（また同じ時代のすべての学識者たち）が「民主主義」と呼ばれるものを、つまり彼らにとっての「直接民主主義」を、本質的にもっとも不安定で喧騒に満ちた統治形態であるとみなしたのは、この軍事的な背景の故であった。そしてそれは彼らにとって——まさに少数の金持ちと同義だった——少数派（minorities）の権限を危うくするものだったことは周知の事実である。そして「民主主義」という言葉が、生まれの良い政治理論家たちの視点の内で復権され、今日持っている意味を継承するようになったのは、それがまったく変形され「代議制の原理」を含むようになってからである。ちなみに、コルネリュウス・カストリアディスが指

* A・ミルトン、J・ジェイ、J・マディソン『ザ・フェデラリスト』斎藤真、中野勝郎訳、一九九九年、岩波文庫。

摘しているように「代議制」という言葉は実に奇妙な歴史を持っている。それはあくまでも王に対する民衆の代表者たちの意であった。つまり彼らは「自ら力を行使する者」というより「内なる大使たち」であった。

アナーキストたちは、ある意味で、右派の政治理論家たちの「アメリカは民主主義ではなく、共和国である」という主張が、語の正確な用法として正しいと考えている。ただし違いは、アナーキストたちが、そこに問題があると考えていることである。彼らは民主主義でなければならないと信じている。また一方で、ますます多くの人びとが、伝統的な特権《エリート》主義者たちによる「多数決主義的な直接民主主義」への批判はまったく的外れではない、ということを認知するようになってきている。

私は先に、あらゆる社会秩序は、ある意味で、自らと戦争していると言った。決定を強要するために暴力機構を設立することをよしとしない者たちは、必然的に社会的合意を創出し保持していく機構を発展させねばならない（その場合、少なくとも、不満を持つ人びとが、それでも悪い決定に従う時、自分からそうしていると感じられるだけの最低限の意味で……）。そしてそのあきらかな結果として、この内的戦争は、終わりなき

「夜の合戦」と「亡霊的な暴力の形式」へと投射されていく。多数決主義的直接民主主義は、絶え間なく、これらの力の接線を暴きたてるとおどしている。このためそれはむしろ不安定になる。あるいはより正確には、それが長続きする場合とは、その制度的形式（たとえば中世都市やニューイングランドの町内集会からギャラップ世論調査や総選挙まで）はほとんど例外なく、より大きな統治機構の中に固定されていて、そこでは支配者たちが、まさにその不安定さを口実に、彼らの究極的な暴力機構の独占を正当化している。最終的にこの不安定性の脅威こそが――支配者たちは、自分たちのためにすべてを決定していく権利を再制定するためにのみ（意味のない一騎討ちや対決ばかりが用心深く脚色された競技によって）折々「公衆」の意見に伺いをたてるだけでいいのだという――最小限の「民主主義」の形式を認可したのである。

これは「罠」である。二者の間を行ったり来たりしている内に、人びとは「代議員」などなくても自らの生活を運営していくことが可能だという事実を想起しえなくなってしまった。そしてまさにこのためにこそ、新しいグローバルな運動は「民主主義」の意味自体を再創造することから始まったのであった。これを実現するためには、究極的に（「西洋人」であろうと「近代世界」であろうと、何だろうと）「われわれ」は自分でそう思いたいほど特別な存在ではない、という事実を受け入れなければならない。われわれは民主主義を実践したことがある唯一の人間ではないのだ！　実際には諸々の西洋の政治体制は、ひたすら民主主義を世界に散種するのでなく、民主主義を実際に何千年にもわたって実践した人びとの生活に介入し、それをやめるように説き伏せることにも同じくらいの時間を費やしてきたのだ。

アナーキズムに触発された運動について、もっとも勇気づけられることのひとつは、それらが新しい形式の「国際主義」を提起していることである。古い共産主義者の国際主義は、いくつかの美しい理想を掲げていた。だが組織論的には、基本的にみなひとつの方向に収斂していってしまった。西洋の外の体制や植民地を継承する政権にとって、それは党の構造、人民大会、粛正、官僚的階層序列、秘密警察など、もっぱら西洋的組織形態を学ぶ方法となってしまった。だが今回の、国際主義の第二波あるいはアナーキストのグローバリゼーションについては「組織形態をめぐる運動」という意味で大きく他の方向へ向かった。それは単に「合意形成過程」についてだけではない。南アフリカとインドで発展した大規模の「非暴力直接行動」、チアパスの反乱者たちによって提起された「網状組織《ネットワーク》というモデル」、そしてスペインとラテン・アメリカに由来する「類縁グループ」という考え方もまた然りである。この運動について考えるにあたって、民族学そして民族学的技術は、大変有効なものになりうる。しかしそのために、人類学者たちは、自分自身のみじめな植民地主義の歴史に由来する躊躇《ためら》いを（躊躇《ため》らうことは十分理解しうることなのだが）乗り越えねばならない。そして彼らがその上に連座しているのは（誰のものでもない自分自身の）罪深い秘密ではなく、人類の共通の財産なのだということを理解せねばならない。

人類学
ここで作者は
自らを養う手に
躊躇《ためら》いがちに噛みつく

この地点まで避けてきた最後の設問――それは、なぜ人類学者たちは、今まで右記の課題に対決してこなかったのか、というものである。私はすでに学者一般がなぜアナーキズムに親近性を持ってこなかったか、について考えを述べた。そして、それに対して二〇世紀初頭の人類学に介在したラディカルな傾向が、アナーキズムに強い類縁性を示したにもかかわらず、時とともに消散してしまったことについて若干斟酌した。これらすべては実に奇妙だ。人類学者たちは結局、現に存在する国家なき社会について何事かを知っている唯一の学者集団である。その多くは、国家が機能停止するか、あるは少なくとも一時的にその地割りをひき上げて去っていき、人びとが自分たちの事柄を自律的に管理している地域に、実際に住んだ経験を持っている。少なくとも彼らは、国家の非在において起こることについてのもっとも平凡な想定（「人びとは殺しあうだろう」）が真実でないことを十分承知している。

それでは、なぜ、彼らはそれに立ち向かわないのか？

それには多くの理由がある。そのいくつかは十分理解しうるものである。もしアナーキズムが本質的に実践についての倫理だとするなら、人類学的実践について熟考するとその意味で多くの不快な事象をあらわにしてしまう。ことに人類学的フィールド調査の経験について考えると――それは人類学者たちが反省的になればなるほど経験しがちなことなのだが――不快な事実に突き当たってしまう。つまりこの学科は、征服、植民地化、大量殺人などの恐るべき陰謀によって可能になったものなのだ。それ自体は地理学、植物学、そして数学、言語学、ロボット工学についても言えることなのだが、人類学者たちの特殊性は、自らの作業が被害者たちと個人的に知り合うことを含んでいるため、他の学門の推進者たちにはありえないような形で悩むことになるのだ。そしてその結果は奇妙なほど逆説的である。人類学者たちが己の有害性について思い悩むこと自体が、人類の経験の九〇パーセントについて学ばねばならない義務を疎《うと》んで（「それは非植民者たちに自らの他者性を投影しているだけだ」という）二、三行の却下によって否定し去り、それを実践する者たちへの道徳的優越感に浸ってきた非人類学者たちに、奉仕してきたのだ。

人類学者たち自身にとっても、この結果は妙に逆説的なものであり続けてきた。人類学者たちは、実際、人びとがほんとんど知らない人間の経験や社会／政治的実験に関する膨大な資料の上に座しているが、その比較民族学的資料の集積体は、恥ずべきものとみなされている。すでに言ったように、それは人類の共通財産としてでなく、われわれの薄汚い秘密として扱われている。だがこれは実は便利なことでもあるのだ。学問社会における権力が、ある一定の知の形態に対する所有権を確立し、他人がそれに対して接触しえないように独占することによっている以上、便利なことなのだ。それは、われわれの薄汚い秘密が、あくまでもわれわれのもの、要するに人と共有する必要のないものだからだ。

だが事《こと》はそれで終わりではない。人類学とは、多くの意味で、己の潜在的能力に怯えている学問である。たとえばそれは人類というものの総体を一般化しうる唯一の学問なのである。それは人類の全体性を考察の対象にし、あらゆる異例とも親しんでいる唯一の学問である（「君はあらゆる社会が結婚を実践している」と言う。だがそれは「結婚」

というものをどう定義するかによるのだ。たとえばナヤールでは……云々)。だがそれでもなお、人類学は断固としてこれを実践することを拒絶している。私にはそれが、もっぱら(強姦、戦争、自由市場資本主義など)始末に負えない社会制度を正当化するために人間性なるものについて大げさな議論をする右翼的気質に対しての当然の反動としてのみ——無論それがその大きな部分だとは思うが——説明しうるものだとは思えない。それは部分的には対象があまりに幅広いゆえである。一体誰が、欲望、想像力、自我、あるいは主権などの概念について議論する上で、西洋的な規範に加えて(オセアニアやアメリカ先住民社会に広まっている民衆的概念はもちろん外されるとして)中国、インド、あるいはイスラムの思想家たちが言うことを考慮に入れるだろう? これは単純に言って大変すぎる作業である。その結果、人類学者たちは幅広い理論的一般化を目指すことをあきらめ、その代わりにその作業をもっぱらヨーロッパの哲学者たちに委ねてきた。他方それらの哲学者たちは、あたかも欲望、想像力、自我、主権などの概念が、もっぱらプラトンやアリストテレスによって発明され、カントやサド公爵によってのみ発展させられたもので、西ヨーロッパや北米の知的伝統の外では、それらについて一度たりとも意義深い議論が展開されたことなどなかったかのように、それらについて議論することにまったく問題を感じない人びとなのである。かつて人類学者たちの主要な理論的語彙は「マナ」や「トーテム」や「タブー」などだったが、現今のキャッチワードは、通常フランス語、そして折々ドイツ語を介したラテン語、ギリシア語起源のもので占められている。

したがって人類学は、政治的なものだろうとその他の類のものであろうと、あらゆる種類の地球的会話のための知的フォーラムを提供する上で、理想的な位置にあるにもかかわらず、それを実行することへの抵抗が埋め込まれている学なのだ。

そこで政治性の問題が浮上する。ほとんどの人類学者は、自らの仕事が政治的な意義を持っているかのように、きわめてラディカルか、あるいは左派寄りであることを示唆するトーンで論文を書き綴る。しかしこの政治性は、実際には何によって構成されているのか、ますます同定するのが難しくなってきている。人類学者たちは反資本主義的なのか？　資本主義について肯定的なことを言う者は稀である。多くは、今の時代を「資本主義後期（late capitalism）」と言い表す傾向がある。あたかもそれが終わりかけているように記述することで、その終焉を急き立てることが可能であるかのようだ。だが昨今、資本主義に対する代案《オルタナティヴ》がどのようなものか、何らかの提案を行った人類学者はほとんど思いあたらない。ということは、彼らは自由改良主義者《リベラルズ》なのか？　多くはこの言葉を軽蔑の響きなくして使わないだろう。それでは一体何だ？　私が思いつく限り、この領域全体をとおして存在する唯一の現実的な政治的関与性は、ある種の幅広い「民衆主義（populism）」である。少なくともわれわれは、特権階級《エリート》の側、あるいは自分たちを特権階級《エリート》だと夢想する人びとの側にはいない。われわれは弱き者の側にいる。実践においていて、ほとんどの人類学者は（ますますグローバル化する）大学か、あるいはそうでなければ市場コンサルティング業か国連関係の仕事に就ている。つまりグローバルな支配体制に直接かかわる仕事である。そしてそこから帰結するのは、われわれが学者としてその（間違いなく周縁的な）一派を形成しているグローバルな特権階級《エリート》への絶え間なき「儀礼化された不忠宣言」である。

それではこの民衆主義は実践的にはどのような形式を採っているのか？　研究対象となる人びと、弱き者たちが、上から押しつけられた権力、あるいはグローバル化する影響力に対して見事に抵抗していることを、われわれこそが証明せねばならない、ということである。ともかく、これこそ（今日日常的に起こりがちなこととして）話題がグローバリゼーションに及ぶや、ほとんどの人類学者たちが語りはじめることなのである。

広告だろうと、昼メロだろうと、労働規律だろうと、国家が強要する新法だろうと、ともかく話題が、自分の民衆を潰し均質化し操作する事象に及ぶや、人類学者が試みるのは、彼らは騙されてはいない、潰されてはいない、均質化されてはいない、誰も思ってもみなかった方法で、彼らに投げつけられたものを創造的に充当し再解釈している事実を証明することである。無論これらすべて、ある程度は真実であろう。確かにブータンやイリアン・ジャヤの人びとが、MTVに曝《さら》されるや否や、彼らの文明は終わったという（いまだに広く行き渡った）風聞と闘うのが重要なことを私自身否定したくない。だがここで私が問題を感じるのは、この論理がグローバル資本主義の論理を反響させているその度合いである。つまり広告代理店さえも、結局、公衆にたいして何かを押しつけているとは言っていない。それらは「市場細分化（market segmentation）」が行き渡った今日、大衆一人ひとりが、かつてない独特の方法で充当し自分たちのものを作るための素材を提供しているのだ、と主張している。ことに「創造的消費」という修辞法《レトリック》が、新たな世界市場のイデオロギーになっている。こうした世界においては、すべての人間的行動は「生産」か「交換」か「消費」に分類される。その中で「交換」は世界中どこででも同じように観察される利潤を求める人間の「理性的本性」に駆動されたものとみなされる。消費は人びとが自らのアイデンティティを確立する方法となる（だが生産については、できる限り議論が回避される）。われわれは皆「通商という舞台」において同一なのだ。それはわれわれが家に帰ってから、われわれを特別にする「モノ」とともに形成する。この市場の論理が深く内在化された挙げ句、たとえばもしトリニダードの女性が派手な身なりをして踊りに出かけるとすると、人類学者たちは、自動的に、彼女がやっていることを（「自分をみせびらかしている」とか「浮かれている」とする代わりに）「消費している」と定義するだろう。これはあたかも、彼女の夜にとって重要なのは、彼女が飲み物など「何かを買うこと」であるとみなすことだ。人類学者たちは「着物を着ること」が「飲み物を飲むこと」と同じだとみなしている。あるいは彼らにとっては、彼女のそれぞれの行動などどうでもよく、人がすることは、仕事でなければすべて「消費」なのだ。なぜなら真に重要なことは「そこに製造された商品が介在している」ということだからである。この意味で人類学者と世界マーケティング・エグゼクティヴの視点は、ほとんど区別不可能になってきている。

政治的次元でも事情はさほど変わらない。ローレン・レーヴが最近警告したように、*

* Lauren Leve, "Not Selves in the Identity-Machine".（未発表論文より）

人類学者たちは用心しないと、世界アイデンティティ生産機械の歯車のひとつになってしまうだろう。地球規模の機構となったこの制度は、過去十年ほどの間、地球の（支配階級以外の）すべての居住者たちに、今や政治的／経済的可能性の本質についての議論はすべて終結し、唯一可能な政治的主張は、自分が属すグループの「同一性《アイデンティティ》」を明示することのみである、と巧妙に告げている。ここでは当の「アイデンティティ」が何かということは、前もって決定されてしまっている。つまり集団的同一性《グループ・アイデンティティ》とは、集団同士を比較する方途ではなく、特定の集団が自己の歴史に関与する仕方によってのみ形成されているとされる。この意味で、個人と集団の間にもはや本質的な差異はない。このような事態の進行に伴って、たとえばネパールのような国においては、テーラワーダ仏教徒さえもアイデンティティ政治を強要されている。つまりこれがことに奇怪な光景なのは、彼らは自分たちの同一性《アイデンティティ》の徴《しるし》を、同一性《アイデンティティ》など幻想でしかないと主張する普遍主義的哲学に同定しているからである。

　何年か前に、フランスのジェラール・アルタープという人類学者は、マダガスカルについて『想像の中の抑圧と解放』という書を著わした*。これは実に気になる題名である。この題は多くの人類学的文筆活動で起こっていることにそのまま当てはまる。ポール・

ギルロイなら「発展しすぎた世界」と呼ぶ**今日の世界において、われわれが「アイデンティティ」と呼ぶものは、多くの場合人びとに対して押しつけられたものである。アメリカ合衆国においては、そのほとんどは継続中の抑圧と不平等の産物である。黒人と同定される者は、存在している間一秒たりともそれを忘れることを許されていない。彼／彼女の個的アイデンティティは、彼／彼女に対する信用《クレジット》を拒絶する銀行家にとって、あるいは不似合いな地域にいたことで彼を逮捕する警官にとって、あるいは足か腕の怪我の結果、それを切断することを奨励する医者にとって、何の意味も持っていないのだ。個人や集団の自己形成、あるいはあらゆる自己創造のための試みは、この極端に暴力的な抑制の内側でなされなければならない（これを変える唯一の方途は、「白人」と定義される特権を持った人びとの姿勢を、おそらく究極的にはこの「白人性（whiteness）」というカテゴリーを破壊することによって、変容することであろう）。だが事実は、実際に「制度的人種差別（institutional racism）」が消え、誰もがどのようにでも自己規定しうるようになった場合、北米におけるほとんどの人びとがどのように自己定義するこ

* Gerard Althabe, *Oppression et Libération dans L'Imaginaire*, La Découverte, 2002.

** Paul Gilroy, *Against race : imagining political culture beyond the color line*, Harvard University Press, 2000.

とを選ぶか、誰にもわからない。そしてそれを想像する道理もまたない。すると問題は、どうすればわれわれがそれを見い出しうる状況を創出しうるか、ということである。

これは私が「想像上の解放（liberation in the imaginary）」と呼んでいるものである。みなが個人的にも、集合的にも、自らの事柄を決定する世界に生きるためには何が必要なのか？　どのようなコミュニティに属したいか？　どのようなアイデンティティを受け継ぎたいか？　このようなことを考えるのは実に難しい。このような世界をもたらすことは、ほとんど想像しがたいほど難しい。それにはほとんどすべてを変革する必要がある。それはまた、現在の社会配備からもっとも大きな恩恵に浴する人びとの、最終的には暴力に帰結するような頑固な反対に出会うだろう。それに対して、これらのアイデンティティがあたかもすでに自由に創造されているかのように、あるいは大幅に自由に創造されているかのように書くことはやさしい。それは、その作品がアイデンティティ生産機構の部分である度合いに従って、作者を複雑で手に負えなくなる諸問題の軛《くびき》から自由にする。だがそれは「資本主義後期」について斟酌することが産業世界の崩壊あるいは社会革命をもたらすという以上には、真実を示すわけでもない。

ひとつの図解

私がここで言おうとしていることが伝わりにくい場合のことを考えて、後に「グローバリゼーション運動」と呼ばれるようになった運動を始動させたと言われる一九九四年大晦日の、チアパスにおけるサパティスタ蜂起に戻って考えてみよう。サパティスタ運動は、その大勢が、メキシコでもっとも貧しく搾取されたラカンドンの熱帯多雨林地帯に居を構えるツェルタル、ツォツィル、マヤ系トホロバル系コミュニティの人びとから構成されている。彼らは自らをアナーキストと呼んでいないし、オートノミストとも呼んでいない。むしろ彼らは、より幅広い伝統の中に位置づけられる自ら独自の系譜を代表している。実際彼らは、国家権力を統制する前衛党という考え方を放棄し、その代わりに自律組織的／自己統治的政府のためのモデルとなるような自由包領を作り出すことによって、革命的戦略自体の革命を行おうとしている。これはまた、メキシコ社会一般を自己管理グループが複合的に重なり合う網状組織《ネットワーク》へと再組織化し、そのことで政治的社会をつくり直そうという試みでもある。サパティスタ運動の中にも、あきらかに異なった意見が存在している。ことに、どのような形式の民主主義を伝播させていくかをめぐってである。マヤ系言語を話す人びとは、彼ら自身の共通の伝統から受け継ぎ、さらにラディカルに平等主義的なやり方で構成し直した「合意形成過程」を強く押し出している。スペイン語を話す軍事的指導者たちのある面々は、これが本当に国民的規模に適応しうるか、疑いを持っている。ただし究極的には、彼らは、サパティスタのモットーが見事に表現しているように、彼らが「従うことによって指導する」当の人びとの展望こそを尊重せねばならない。ともかく、これに関して驚くべきことは、この反乱のニュースが世界に広まった時に起こったことである。まさにレーヴが言う「アイデンティティ生産機構」の介入である。つまり彼らは、民主主義のラディカルな変容を目指す反乱集団としてではなく、あくまでも土着的な自律を要求するマヤ・インディアンの集団と定義された。国際的メディアは、彼らをもっぱらこのように描こうとした。人道主義集団からメキシコ官僚から国連の人権監督者たちに至るまで、彼らについて重要なことは「アイデンティティ」だとみなした。だから、当初から国際的な同調者獲得を主要な戦略目標としていたサパティスタは、時が経つに従って、もっとも信頼のおける盟友たちに対して以外、ますます土着的役割を演じねばならなくなっていった。

この戦略もまったく効果がないものではなかった。十年後、サパティスタ国民解放軍は——彼らが当面はみずからの名を構成する「国民解放」を押さえてきたためでもあろうが——ともかくほとんど銃を使わずに生き延びている。私が強調したいのは、サパティスタ蜂起への国際的反応が、いかに「庇護者ぶっていたか」、あるいははっきり言って「人種差別主義的」だったか、ということである。なぜなら、サパティスタが目指してきたことは、まさに多くの「アイデンティティ」をめぐる修辞法《レトリック》が無視してきたこと——つまり人びとやコミュニティが、自分たちがどのような人びとやコミュニティになりたいか、自ら自由に決定することができるような世界を創るには、どのような組織形態が、どのような審議や過程の形式が、要求されるか、ということだからである。だが彼らは何と言われたか？　彼らは、あくまでもマヤ人なのだから、アイデンティティが構築されるべき過程について、あるいは政治的可能性の本質について、世界に言うことなど何も持っていない、と言われたのである。マヤ人が非マヤ人に向けて発すことができる政治的主張は、マヤのアイデンティティのみである、ということだ。彼らには、マヤ人として政治的な認知を要請することは許される。だが、マヤ人が世界に向けて、マヤ人性のみについてでない何かを発言することは認知しえない、ということである。

そして彼らが真に言いたかったことを聞いてきたのは、一体誰だったか？　それは主にヨーロッパと北米の十代のアナーキストたちであった。そして彼らは即刻、人類学者たちがかくも不安で気まずい絆を保っている世界中の特権階級《エリート》たちの集まりに群がるようになった。

これらのアナーキストたちは正しかった。人類学者たちは、彼らに同調すべきである。われわれは人類の自由のための極めて重要な道具を手にしている。その責任をとりはじめねばならない。

グレーバー現象について　訳者あとがきにかえて

人物

初めて私がデヴィッド・グレーバーという人物に会ったのは、あるニューヨークのメーリングリストを介して文書を交換してからのことだった。彼はすでに執筆によって、名が知られはじめていた。たまたま彼も私も巨大画廊街の出現によって大きく変わったチェルシー地区の住人だった。だからこの界隈で会うことになった。私は一九九〇年代初頭、イースト・ヴィレッジからこの地区東部のロフトに越して来たのだが、彼の場合は、幼少時から、母親が所属していた国際婦人服労働組合（ＩＬＧＷＵ）が組織した北部に聳《そび》える集合住宅に住んでいた。ちなみに同組合は二〇世紀初頭から、ニューヨークの服飾関係の女性労働者を主軸とする数々の果敢なキャンペーンを繰り広げてきたことで、アメリカ労働運動史上に燦然《さんぜん》と輝いている。彼も序文で触れているように、スペインで「国際旅団」の一員として戦った父と同じく、母も「労働者ラディカル」だった。だから彼はいわば、労働者的ニューヨークの申し子だった。われわれはお互いの住居の半ばあたりのカフェで出会った。頭の回転が早すぎる少年のように饒舌な彼は、同時にたぐい稀な温かさときめ細やかな感性を備えた人物だった。

洋の東西を問わず、私が出会う左翼知識人の中には、権威主義的、利己主義的、怒りやすい、物事を難しく考え過ぎていて柔軟性がない、「理論」というものを常に己の優越性の証として誇示する、そんな人物が多い。そういう中で、グレーバーとの出会いは、新鮮かつ覚醒的であった。著作に似て、彼の存在もまた気安さとエネルギーと楽天性に溢れていた。それはおそらく、彼の「世界／人間」に対する確固とした信頼にかかわっている。彼にとっては「世界／人間」とは、常に未知の可能性を秘め、あり余るほど学ぶことがあるものなのだ。どこまで状況が悪化してもこれだけは手放さない、それが「人類学者」であり「アクティヴィスト」であるD・グレーバーという存在の土台をなしている。より具体的には、それは闘い続ける世界民衆への信頼である。彼にとって世界の可能性の源とは、チアパスの農民たちやブラック・ブロックの若者たちの黒いマスクの裏にある名づけようのない無数の単独性であり、それらの限りなく豊かな英知と感受性だろう。また彼自身が一九九九年シアトルで衝撃を受けてから、積極的にかかわりはじめたグローバル・ジャスティス・ムーヴメント（Global Justice Movement）のいまだに若く新しい趨勢であろう。

グレーバーは学者で、アメリカの学問世界《アカデミア》で禄《ろく》を食《は》んでいる。だが彼のその世界との関係は、初めからある「距離」を孕《はら》んでいた。自身の優秀さのために、裕福な家庭の出身者で占められているアイビーリーグに異例の入学を果たし、人類学者となる。だがその行動様式が、保守的な同僚に脅威を与え、イェール大学人類学科の教職を失う。それは疑いなく、同大学大学院生の組合活動への全面的支援とＰＧＡ（People's Global Action）やＤＡＮ（Direct Action Network）への積極的な参加のゆえであった。ことにこれらの組織のスポークス・パーソンとなった彼の名が、ラディカルな活動家としてメディアに現れるようになるや、ある同僚のグループは、申し合わせたように彼との会話を避けるようになった。そして人類学科の教職員再任命会議において、さまざまな中傷を受け再任命を却下され、それに対する自己弁明の機会さえ奪われる。これは追放計画であった。その時、彼の学者としての質の高さ、教育者としての有能さに鑑《かんが》みて、この処分を不当とする同大学の学生と同僚をはじめ、世界中の知識人、文化人、活動家の間に広範な抗議／支援の輪が広がった。*

* http://www.zmag.org/content/showarticle.cfm?ItemID=7834 および、http://www.geocities.com/graebersolidarity/ を参照されたい。

だが再就職はならず、彼は一年間の有給休暇を条件に退職を決定し、現在、執筆と活動の合間に次の職を探している。

D・グレーバーとは、存在的にも知的にも、現代アメリカにおける「知のあり方」への疑問符である。六〇年代ラディカルが成熟して、学際世界、文化世界を領導しはじめたポストモダン謳歌の八〇年代以降、「世界変革」は「巷の運動の問題」から「認識論的問題」に移行したとみなす姿勢が、支配的になった。そしていまだに多くの左翼学者はその延長上にいる。「批判」と「理論」が専制する時代である。ほとんどの知識人は、言説的範例《ディスコーシヴ・パラダイム》の内側に囚われて、またそこに安住し、その中でひたすら理論的に真の世界変革の契機を探し続ける。その想念のあまりの壮大さ（＝大言壮語）のために、現実の何を見ても矮小に映ってしまう。そこでのラディカルとは「現実に存在しえないほど革命的な世界変革」と同義となる。『断章』が指摘するように、科学史家クーンの「範例変換《パラダイム・シフト》」が知らず知らずの内に世界変革のモデルとなっていた。そのような大転換以外は認められない。ここで現実のアクティヴィズムを視て、それを評価しうる共感的な視線が消失する。だがその間もこの「言説的宇宙」とはまったく関係のない場所で、つまり世界中で人びとは闘い続けてきた。ことに一九九四年、メキシコ南部の山間部で始まったサパティスタ蜂起に大きな衝撃を受けた若い趨勢が、世界中で、感性においても思想においても、六〇年代が目指したものとは違った新しい「世界変革」を目指して動きはじめた。それがグローバル・ジャスティス・ムーヴメントであった。それに対してほとんどの「認識論的《ポストモダン》ラディカル」は対応する術がない。

　この趨勢の部分であったグレーバーやその他少数の理論家たちが、その声を発しはじめたのは、右記のような幅広い傾向への挑戦であった。その時、理論的実践自体が、その内容も形式も含めてある決定的変更を余儀なくされる。それは第一に、ある理論的原理／法則／定式を現に存在し進行している運動に当てはめ、外から批判し、それでよしとするのでなく、あくまでも活動の内側の視点から理論を立て直す、そういう志向になる。そこでそれまで、知的趨勢を分断していた存在論的／認識論的な原理／原則もまた活動的に括弧に括られ、究極的な判断基準ではなくなる。このような試みをきわめて粗雑に命名すれば「学者の理論」から「アクティヴィストの理論」へということになるだろう。この方向性が孕《はら》む新しさ、力、不安定性、軋み、歪み、未知性、可能性――あらゆる出来事性――それがグレーバーの「著作」を形成する素材（血と肉）となっている。

著作

グレーバーは多産な書き手である。だが今のところまとまった著作は二冊のみである。

Toward an Anthropological Theory of Value: The False Coin of Our Own Dreams, New York : Palgrave, November 2001.

および本書『アナーキスト人類学のための断章』のオリジナル、

Fragments of an Anarchist Anthropology. Prickly Paradigm Series, Chicago : University of Chicago Press, April 2004.

『断章』の翻訳版としては、日本語の前に、仏語とイタリア語版がすでに存在し、ギリシア語、スペイン語、トルコ語、ポルトガル語、韓国語、アラビア語などへの翻訳が進行中である。また海賊版の翻訳もあると聞く。

『断章』は彼の著作の中でも、もっとも衒《てら》いなく素直に書かれた小著である。それは対話的スタイルで、読者に語りかけるように、著者の思考過程を披露する。その読みやすさと一風変わった構成も手伝って、いまだに言説化の途上にあるグローバル・ジャスティス・ムーヴメントおよび現代アナーキズムに関心を持つ世界中の人びとに広く読まれるようになった。しかしその近づきやすさを尻目に、ここにはいくつもの大問題がさりげなく投げ出されている。マルクス主義とアナーキズムの差異と相補性、非国家的視点から社会を視る可能性、ひとつの社会の象徴界（夜の世界）で進行する自己否定のドラマとその政治的機能、理論的訳通不能性（incommensurability）の活動における共存、近代の専制、人類学的知の正しい用法……等々。これらがあくまでも巷において闘う者たちの視点から、ことに彼らの「予示的政治（prefigurative politics）」の志向に裏打ちされた「直接民主主義的組織化」を推進する視点から斟酌されている。だがこれらの議論は、今のところ体系的体裁を取りうるものではなく、あくまでも将来構築されるだろう「理論」のための「思考実験」であると自己規定されている。その場合、これは文字どおり、いつか著者自身によって体系化されるはずのものなのか？　それともここから後は、彼の手を離れて、無数のアクティヴィストたちが、彼らの実践とともに思考し書き綴っていくべきものなのか？　答えはその両方であろう。グレーバー自身が幾多のアクティヴィストの中の一人として、この企画《プロジェクト》の発展に加わっていきたい――それが序文の最後に表明されたグレーバーの願いである。

『断章』の微細な注釈が「訳者あとがき」の任ではない。本文をすでに読まれた、あるいはこれから読まれる読者諸氏にとって、そのすべてはそこにある。解説は無粋《ぶすい》である。だから私はむしろ以下に残されたページで、グレーバーの他の著作や企画《プロジェクト》について概観し、『断章』接近の補佐役を務めたい。

第一作『人類学的価値論へ向けて　われらの夢の偽コイン』は、グレーバー的「人類学＝アナーキズム」の出発点を記す書物である。その中枢をなす価値論は、一言で定義するなら「物の価値論」に対する「行動の価値論」である。最終的に価値づけられるのは、物ではなくて行動である、という仮定において価値論を構築する——それがこの企画《プロジェクト》である。

価値とは、すでに固定された社会関係の（公共による）認知ではなく、人びとがそれによって「まったく新しい社会関係を構築することさえ含めて」ほとんど何でもなしうる可能性を孕《はら》んだ事象である。このような前提から、グレーバーは「価値形成」をどこまでも政治化《ポリティサイズ》し、世界変革の可能性の問題へと開いていく。政治的行為の最終的な賭けは「何が価値あるものか」という基準を打ち立てることにある。しかしこの闘争は、一筋縄ではいかない。そこには「社会の全体性」という幻の領域が立ち現れるからである。社会が自己に対して持つ理想像は、社会が実際に機能する仕方とは合致しえない。理想像と機能の齟齬、対立、矛盾、調整……。社会とは、いわば「結論のない対話」（バフチン）によって形成された複合的現実である。そこから「想像的な全体像」における闘いというグレーバーがもっとも重視する範疇のひとつが現れる。

『断章』で明らかなように、グレーバーはマルクス主義を単純に否定していない。むしろその偉業を認め、大いに参照しもする。だがそれに対していくつかの批判的視座を堅持している。そのひとつはマルクス主義が「自己の利害のためにのみ行動する人間」という経済至上主義的な人間像を手放さないことである。これが「行動的価値論」の次の標的である。彼は「外在的法則によってのみ世界が変わる」かのような「社会から味のある事象をすべて切り捨てたところから出発する」客観主義的分析に対して、どのように「世界／人生」がありうるか、異なった生と世界を想像する企画《プロジェクト》、つまり「道徳的計画《モラル・プロジェクト》」が必要であると信じる。そこで彼は、マルクスを補うものとしてマルセル・モースを導入するのだ。

マルクスは、資本主義の内的矛盾と運動法則を理解する上で、このうえない貢献をした。だがわれわれが、運動の契機を持たず、もっぱらこの「分析／批判」のみを推進した場合、「存在するあらゆるものへの寒々とした視点」以外何も残らなくなる。このような例は「学問的理論家」の仕事として世界中で散見される。それに対してモースは、資本主義の批判のために、普遍的な道徳的基礎を探そうとして、それに代わる社会の鍵を「他の社会の研究＝民族学（ethnography）」に求めた。この姿勢もまたマルクスが教えた「社会的全体性とは最終的に権力と支配の形態であるという認識」を忘れるなら、無原則な楽天主義に堕すだろう。ただし大局的に見て、現代の「アクティヴィズム」にとって、モースの教えは重要性を増している。なぜならそれは「共産主義」が、遠い夢の世界でなく、現実に遍在していることを指摘し、変革の鍵を「理論的範例」の内部においてのみならず、「現在」の「巷」において示しているからである。

「社会」とは常に、行動的な企画《プロジェクト》が複合的に重層する領域であり、「価値」とは、それぞれの行動がより大きな社会的全体性（現実的なものだろうと想像的なものだろうと）に位置づけられることで、行為者にとって意味をなす、なされ方である。そこで時間の外に立つ抽象的な契機において事象を想像するのでなく、それらがどのようになりうる潜在力を孕《はら》んでいるか、において定義する必要がある。グレーバーにとってモースは、「実践」と「制度」を、あくまでもそれらの潜在力において思考した。その思考はまた、不平等、疎外、不正の再生産に奉仕しないような「想像の全体性の領域」を想定しつつ、社会形成＝変革の実践に向かっていくことを促す。そしてその姿勢は、われわれを否応なく「プラグマティックな楽天主義」に位置づける。こういった価値論が、グレーバーにとって「アクティヴィストの理論」へ向かう出発点となった。

次に未発表著書と企画《プロジェクト》について概観してみよう。まず現在、出版を待つ二著がある。これらは著者の時空間的に離れた二つの対象への「民族誌学的接近」となっている。

Lost People : Magic and the Legacy of Slavery in Madagascar（Indiana University Pressから Spring 2007に出版予定）

これは著者のマダガスカルにおけるフィールド調査のまとめであり、博士論文の改編である。『断章』に出てくるマダガスカルの事例の全面的な考察とみなしてよい。マダガスカルのある地方で国家権力が消失した状況において、その地方の共同体に何が起こったか、どのように歴史的な貴族と奴隷の関係性が再折衝されはじめたか、その状況についての歴史民族誌学的分析をなす。理論的には『断章』の主要テーマのひとつである「象徴的戦争」としての「政治的行動の位相」を斟酌している。

Direct Action: An Ethnography（AK Pressから出版予定、時期不詳）。

これは、著者がカナダのケベック市におけるサミットへのグローバルな抵抗運動に調整者の一人としてかかわった経験の「民族誌学的分析」である。第一章は、作者の経験の日記風記述、第二章は、直接行動の分析／自己表象の政治について、第三章は暴力と想像力について、という構成である。DANとYa Basta!を中心とした活動家たちをめぐる出来事の微細な記述と分析、集団意思決定の技術、実際の戦闘の模様、活動の実際とそのメディアにおける表象の問題……等々。さまざまな意味で、現代のアクティヴィズムを語る上で必読の書となるだろう。

現在作業中の二つの主要な企画《プロジェクト》の内のひとつは、「アナーキスト的世界システム論」の構築である。これはベルグラード出身のアナーキスト社会思想家／歴史家で、現在ニューヨーク州立大学ビンガムトン校のフェルナン・ブローデル・センターで研究しているアンドレ・グルバチッチとの共同研究である。* これは民衆の抵抗が社会形成を主導するというオートノミズムの遠近法を世界史的に敷衍する壮大な計画である。しかしそこでは、進歩主義的、経済中心的、国家中心的なマルクス主義史観によって見落とされてきた社会的生産、つまりより大きな「民衆＝形成（people-making）」の過程を分析するとされている。

もうひとつの企画《プロジェクト》は、「負債という概念」について、あるいは「貨幣」についての歴史的研究である。どのように社会的責務が、物体に貼りつくようになったのか。さらにどのようにこの結果が、暴力を土台とする人間関係を形成し、その関係が道徳的であるかのように信じさせる方途となったのか。著者にとってこの企画《プロジェクト》は、『人類学的価値論へ向けて　われらの夢の偽コイン』の続編として、アナーキズムの哲学的基礎構築を目指す企画《プロジェクト》となる。

以上がグレーバーの現在進行形の企画《プロジェクト》の概観である。これらは対象も主題もスタイルも異なり、何らかの統一性に向けて統合されるどころか、初めから触手《テンタクルズ》のように四方八方へ分岐している。とても一人の理論家の作業とは思えない。だがこれらには共通点がある。すべてがグローバル・ジャスティス・ムーヴメントが目指す「世界変革運動」の実践に肯定的な契機を与える「アクティヴィストの理論」として構想されている。これらすべてが、何らかの形で「別の世界が可能である」こと、国家権力は彼らがそう主張するように「全知全能」でないこと、闘う民衆こそがすべての駆動力であること、理論的訳通不能性は特定の行動への介入という実践的原理において、相互に協調可能であること……等々、われわれを組織化と行動へと誘っていく。これら多岐にわたる野心的な企画《プロジェクト》によって、やはりグレーバーは、これまで常にマルクス主義の「貧しい従姉妹《いとこ》」とされてきた「アナーキズム固有の理論」を打ち立てようとしているのではないか。

そして無論これらの著作活動と共に、それに素材（血と肉）を与え続ける実践活動《アクティヴィズム》が進行している。

＊ アンドレ・グルバチッチの論文については、http://www.zmag.org/bios/homepage.cfm?authorID=181 を訪問されたい。

活動

グレーバーのアクティヴィズムについて、その全体像を詳細に語ることは、さまざまな意味で不可能である。そこでここでは、そのひとつの主要な側面に絞って考えたい。「アクティヴィストの関係性＝網状組織《ネットワーク》」についてである。

グレーバーは、人類史上で突発的《スポンタネウス》に見える多くの大変動が実は組織化によっていたのではないか、という疑いを表明している。* それがこのことにかかわっている。

グレーバーの人間関係は、彼の活動と切っても切れない縁《えにし》を持っている。いわば、それらは同じひとつのものなのである。かなり密接な人間関係の網状組織《ネットワーク》が活動の「出来事＝身体」をなしている。そしてその他のすべての事象は、それに則《のっと》って生起する。それは無数の対立、ずれ、齟齬、軋轢を含んでいるが、その土台には尊敬、信頼、友愛、緊密、開放性が介在している。このような活動家たちの関係は、目的因と規律によって繋がった「同志」というよりも、あるいはそれ以前に、まず「気の置けない友人」なのだ。その網状組織《ネットワーク》の広がりは、全米のみならず、（今のところ西洋世界中心のようだが）世界各地に広がっている。これは彼がＰＧＡやＤＡＮをとおしてグローバル・ジャスティス・ムーヴメントにかかわってきた賜物であろう。

　グローバル・ジャスティス・ムーヴメントが組織する「象徴的な大行動の組織化」は、たとえば（決してこの大反戦組織を見くだすわけではないが）ＵＦＰＪ（United For Peace and Justice）が主催する大反戦デモ／集会のように、参加者を、決められた規則に従って行動する不特定多数とみなすやり方とは決定的に異なっている。また党のように、参加者を、あらゆる個人的特性を捨てて目的のためにひたすら邁進する兵士とみなす方法でもない。そこでは個の単独性、また個と個の関係の単独性自体が、素材となるような、はるかに有機的で微妙な組成が不可欠なのだ。それが現代アクティヴズムの本質にかかわっている。グローバル・ジャスティス・ムーヴメントが掲げる主要な行動原理のひとつは、すでに何度か言及された「予示的政治」である。つまり「今ここにある集団の人間関係において、理想社会を実現せねばならない」という信念である。もし現代アナーキズムに、逆説的に、何らかの「～せねばならない＝戒律」があるならば、これこそがほとんど唯一のそれであろう。そしてこれを実現していくために（グレーバーがもっとも重視する）直接民主主義的な合議方法、集団的意志決定過程、あるいは合意形成と呼ばれる実践的方法＝技術があ

＊　デヴィッド・グレーバー『資本主義後の世界のために　新しいアナーキズムの視座』（訳者によるインタビュー集）以文社、二〇〇九年、一八頁。

る。大きな行動においてこそ、この方法＝技術の有効性がものを言うわけだが、その核《コア》を形成するのは、「類縁グループ」と「スポーク会議」という次元の異なった集合性である。これらは同時に行動の単位であり、合議の方法論でもある。

グレーバー自身、どのような説明もこれを実際に経験することを、十分伝えられないことを折々強調するのだが、彼のとりあえずの定義によると、

類縁グループ（affinity groups）＝四人から一〇人ほどの仲間。その集合性の原理はたとえばエコ・フェミニスト・レスビアンであるとか、オハイオ州クリーブランドから来たとか、ウォブリーズ（Wobblies）の一支部であるとか、友人たちであるとか、何でもいい。しかしこれが大行動における自己組織化（self-organization）の基本的単位となる。このグループの内部には、役割分担が設けられる。誰か一人がスポーク会議で発言する「車輪のスポーク」になり、ある一人は救急医療の基礎知識を備え、また法的対策の責任者は行動中に決して逮捕されないように心がけ、逮捕された者についての情報を保持し、拘留期間は彼／彼女の猫の世話をしたり、勤め先に欠勤について言い訳をしたり……。

スポーク会議（spokescouncils）＝大きな行動の前に開催される「類縁グループ（affinity

groups)」間の大会議。その原則は合意形成によって決定をくだす、というものである。大行動など参加グループの数が多すぎる場合、それぞれのグループは「スポーク」を選出する。会場ではそれぞれのグループのメンバーは、スポークの回りにまさに車輪のスポークのように座る。会議では、それぞれのスポークしか発言を許されないが、同時にスポークは自分でそれぞれの類縁グループのために決定をくださない。彼の回りに座ったメンバーたちが小声で議論し、その決定をスポークに伝え、スポークに公式発言させる。*

右記の形式は、党という上から下への決定機構からも、無機的な取り決めに自動的に従う大衆デモからも、おそらくもっとも遠い、集団における意志決定のモデルである。そしてその単位をなす「類縁グループ」とは、何のことはない「気の置けない友人関係」あるいは「徒党」なのである。それは戒律的あるいは階層序列的な縦の集合性でなく、むしろ存在論的に水平な集合性である。これはまた、決して「固定化され」「永遠化され」るべきものでなく、多少の重複を保持しながらも、行動ごとに、また時空間的推移にしたがって、ずれ、重複し、変遷していく。だが、これはいったいどういうことか？

* デヴィッド・グレーバー、同、一九頁。

ジル・ドゥルーズ／フェリックス・ガタリは、エリアス・カネッティがその名著『群集と権力』*で使った「群れ（meute/pack）」という概念について特権的に言及している。それは「群集（masse/mass）」のように、一定の原理によって統合された、一方向に向かう人びとの集合ではない。「群集」はそのまま国民国家に所属し、あるいは一階級を構成することもある。それに対して「群れ」は、「群集」と常に矛盾し対立するものではなく、それを構成する部分となる時と場所もありうるが、基本的に別の原理によって形成されている（たとえば狼の「群れ」を想起してもらえばいい）。それはあくまでも適度に少数のグループで、優柔不断、機動力に長け、現代都市のさまざまな行動原理に符合している。しかし同時にどこか不安定で、頼りなく、またいかがわしさを臭わせている。その集合性がそのまま大工場に雇われたり、大会社の社員になったり、軍隊に徴用されたりすることは決してない。「群れにも群集にも一様性は存在せず、またどちらにも階層性が存在する。しかしそれらは同じものではない。群れや徒党のリーダーは、一手一手に勝負を賭ける、つまり彼は一手打つたびにすべてを新たに賭け直さねばならないのだ。これに対して団体や群集のリーダーは、獲得したものを統合し、蓄積化＝資本化するのである」**。加えて無視できないのは、「群集」の次元と「群れ」の次元における「個人」の位相の違いである。「群集」において個人は、あくまでも正式名称で呼ばれるだろう。つねに役名や親からもらった固有名で呼ばれ、集団への帰属が逐次《ちくじ》再確認されるだろう。だが「群れ」においては、役割は刻々変化するだろうし、ニックネームで呼ばれてもかまわない。あるいは自分で好きな名前を勝手に作ってしまう。「群れ」の中で、人はより生々しく「個＝単独性」として生成する。

具体的には「群れ」とは、ゲットーの巷のデリに屯《たむろ》してビールを飲みゲームをする仲間であり、少年ギャング団の徒党、グラフィティの一潮流、小ベンチャー企業、あるいは単なる友人たちのネットワークでもある。アクティヴィストの「類縁グループ」とは、「予示的政治」の実践において、このような友愛＝共感関係を改めて方法化したものとみなすことができる。北米において有名な「異教的アナーキズム（**Pagan Anarchism**）」の活動家スターホーク（**Starhawk**）は「類縁グループとは、お互いに共感を持ち、お互いの強さも弱さも知り、支えあい、そして政治／活動をやる（やろうとする）グループである」***と言っている。

歴史的には「類縁グループ」は、一九二〇年代後半に結成されたスペインのアナーキス

＊　エリアス・カネッティ『群衆と権力』岩田行一訳、法政大学出版局、一九八一年。
＊＊　ジル・ドゥルーズ／フェリックス・ガタリ『千のプラトー』、宇野邦一ほか訳、五〇一―五一頁、河出書房新社、一九九四年。
＊＊＊　http://en.wikipedia.org/wiki/Affinity_groupより（翻訳は高祖による）。

ト連合ＦＡＩ（Federación Anarquista Ibérica）において初めてgrupos de afinidadとして方法化された。これはスペインに一九世紀から存在していた酒場に集まるサロン風の集合（tertulias）を換骨奪胎したものだったと言われる。これが北米に渡って実践されるようになったのは、一九七〇年代後半の「反原発運動」においてであった。そしてこれが一九九九年のシアトル以降導入され、クエーカー教徒が培ってきた合意形成術と合体され大々的に適応されるようになった。

現在ニューヨーク界隈の活動家社会には、さまざまな「類縁グループ」の網状組織《ネットワーク》が存在している。それらはいくつかの公的組織の間を斜めに繋いでいる。ウォブリーズ、再建ＳＤＳ、ＮＹＭＡＡ（New York Metro Alliance of Anarchists）、Time's Up……等々。そしてこれらのグループが、アクティヴィスト・スペースやメディアをとおして、別の次元で交流し、かつさらに地理的遠方とのより大きな連合を目指して、対話を繰り返している。グレーバーやその他多くのアクティヴィストたちが信ずるところ、グローバル・ジャスティス・ムーヴメントにとって重要なのは、地元の組織化とともに、やはり世界各地からの参加者によって実現される「象徴的な大行動」である。つまり「新自由主義の拡大を阻止するためのグローバルな闘争において、ラディカルな民主主義の新しい形式を発展させること」である。これを周期的に実践することがなければ、人びとは世界変革の可能性への希望をだんだん喪失していくであろう。

九・一一以降ニューヨークでは、公共圏における行動の自由がますます削減されてきている。そしてそれに反比例するかのように、北米全体のアクティヴィストの眼は、中南米で起こっているいくつもの画期的な出来事に向けられている。それらとの連携を実現しようとしている企画《プロジェクト》も多い。だがそこで（この都市空間において）きわめて現実的に浮かび上がるのは、移民の趨勢である。彼らは北米自由貿易協定（NAFTA）により（職を求め）故郷を捨てることを余儀なくされ、ミニットマン・プロジェクト*によって迫害されつつ、北米に渡ってきた。そしてさらにそれに追い打ちをかけるかのように、移民法改悪によって蹂躙されようとしている。その彼らの存在こそが、実質的《ヴァーチャル》にチアパスやオワハカとニューヨークを繋いでいる。言い換えると「移民問題」と「国境問題」――これらがサパティスタの「もうひとつの選挙運動（Otra Campaign）」や「オワハカ教員組合」と北米の運動を繋げる可能性を孕《はら》んでいる。したがって次のグローバルな「象徴的な大行動」は、これらの問題系との連関においてなされる以外ない。それが現在、北米で議論されている

＊　主にメキシコから国境を越えて来る移民を監視し、取り締まる民間国境警備隊。右翼／人種差別集団という定義が一般的である。共和党保守派議員の中には、支援者が多い。またCNNのキャスターの一人、ルー・ドップスはこの集団を公的に評価している。

企画《プロジェクト》のひとつである。そしてそれはまた別の次元における、いまだ見ぬ「類縁グループ」の形成を促すだろう。かくして、われわれの目前には、無数の類縁グループのグローバルな重なり合い、漸進的網状組織化《ネットワーク》という未来への方向性が、可視化されるようになってきている。

D・グレーバー著『アナーキスト人類学のための断章』の日本語版は、結局さらにまた別の次元の「類縁グループ」の網状組織《ネットワーク》形成可能性に向けた布石である。それは太平洋を越えた北米ニューヨークと極東日本の新しい関係性の確立への希求である。このD・グレーバーと前瀬宗祐（以文社）と私の間の共同作業は、叢書『VOL』と同様、本の出版＝情報の散布に留まらず、実際の人間関係の形成を目指してなされた。

二〇〇六年九月一七日、ニューヨーク市チェルシーにて

高祖岩三郎

デヴィッド・グレーバー（David Graeber）
文化人類学者，アクティヴィスト．ロンドン・スクール・オブ・エコノミクス大学人類学教授．2020年9月，滞在先のイタリア・ヴェネツィアにて逝去．著著に，*Toward an Anthropological Theory of Value: The False Coin of Our Own Dreams*, Palgrave, 2001（日本語版は以文社より近刊予定）のほか，『ブルシット・ジョブ』（岩波書店），『負債論』，『官僚制のユートピア』，『民主主義の非西洋起源について』（すべて以文社）など．日本語でのみ出版されたインタビュー集として『資本主義後の世界のために』（以文社）がある．

高祖岩三郎（Sabu Kohso）
翻訳家，批評家．ニューヨーク在住．1980年渡米，以後，画商，グラフィック・デザイナー，翻訳業を勤める．著書に，『ニューヨーク烈伝』，『流体都市を構築せよ』（ともに青土社），『新しいアナキズムの系譜学』（河出書房新社），『死にゆく都市，回帰する巷』（以文社）などがある．

アナーキスト人類学のための断章

2006年11月 1日　初版第1刷発行
2023年 1月15日　初版第7刷発行

著　者　デヴィッド・グレーバー
訳　者　高　祖　岩　三　郎
装　幀　前　田　晃　伸
カバー・表紙・扉写真　高　祖　岩　三　郎
発行者　前　瀬　宗　祐
発行所　以　文　社
〒101-0051　東京都千代田区神田神保町 2-12
TEL 03-6272-6536　FAX 03-6272-6538
http://www.ibunsha.co.jp
印刷・製本：中央精版印刷

ISBN978-4-7531-0251-8